Quell

Hermann-Josef Frisch, geboren 1947, Pastor in der Diözese Köln und Autor zahlreicher religionspädagogischer, theologischer und religionswissenschaftlicher Bücher, lebt in der Nähe von Köln.

Hermann-Josef Frisch

Was bedeutet Jesus für mich?

Gelebtes Christentum

Quell

Die Deutsche Bibliothek – CIP-Einheitsaufnahme

Frisch, Hermann-Josef: Was bedeutet Jesus für mich? /
Hermann-Josef Frisch. Gütersloh : Quell, 2002
(Gelebtes Christentum)
ISBN 3-579-03476-6

ISBN 3-579-03476-6

Umschlaggestaltung: Init GmbH, Bielefeld, unter Verwendung
eines Fotos der Zefa Visual Media GmbH
Satz: Hermann-Josef Frisch
Druck und Bindung: Těšínská Tiskárna AG, Český Těšín
Gedruckt auf chlorfrei gebleichtem Werkdruckpapier
Printed in Czech Republik

Besuchen Sie uns im Internet: http://www.quellverlag.de

Inhalt

Worum es geht

Wer ist Jesus für uns? Diese Frage bewegt auch zweitausend Jahre nach seiner Geburt, seinem Leben und Sterben unzählige Menschen überall auf der Welt, in unterschiedlichen Völkern und Kulturen. Viele bekennen ihn als Maßstab und Grundlage ihres Lebens, viele orientieren sich in ihrem Denken und Handeln an seinem Beispiel. Für viele ist er der Grund ihrer Hoffnung und die Quelle des Mutes, in dieser Welt zu bestehen und zugleich über diese Welt hinauszublicken. Mehr als eine Milliarde Menschen ist auf seinen Namen getauft und nennt sich nach ihm »Christen«. Für die Menschheit ist er einer der wirklich Bedeutenden geworden, nicht nur als Stifter einer Weltreligion, sondern auch als Beispiel wahrer Humanität und zugleich als einer, der Sinn stiftet und eine Verbindung zu Gott schafft.

Doch auch das gilt: Heute wie zu allen Zeiten ruft der Name Jesus auch heftigen Widerstand, Protest, Unterdrückung und Verfolgung hervor. Heute wie zu allen Zeiten spaltet die Frage nach Jesus die Menschen – die einen bekennen sich zu ihm aus tiefstem Herzen, die anderen lehnen ihn ebenso vehement ab. In unserer Gesellschaft bezweifeln zudem immer mehr Menschen, dass er angesichts der vielfältigen Veränderungen in unserer Welt noch eine Bedeutung für unser Leben haben kann.

Die Frage nach Jesus bleibt also trotz einer zweitausendjährigen Geschichte der Christen wichtig und muss immer wieder neu gestellt werden. Denn auf den ersten Blick scheinen Jesus und seine Botschaft doch am Kreuz gescheitert zu sein. Welche Bedeutung kann ein in solcher Weise Gescheiterter für Menschen heute haben?

Der Frage nach Jesus soll in diesem Buch nachgegangen werden. Dabei können wir natürlich anknüpfen an die unzähligen Versuche, diesem Jesus von Nazaret Bedeutung zuzusprechen. Die bisher geschriebenen Bücher über ihn füllen ganze Bibliotheken – wohl über keinen anderen Menschen der Weltgeschichte ist so viel und soviel Unterschiedliches geschrieben worden. Wohl über keinen anderen Menschen, gleich aus welchem Volk oder welcher Kultur, haben sich die Menschen so sehr den Kopf zerbrochen und versucht, aus den jeweiligen Vorstellungen ihrer Zeit und Kultur heraus einen Zugang zu ihm zu finden. Dabei entstand eine nicht überschaubare Vielfalt von Deutungen, von theologischen Begriffen und Titeln. Nur sehr wenig davon kann in diesem Buch erwähnt werden.

Wichtiger aber als das Nachdenken über Jesus sind die persönlichen Erfahrungen, die Anstöße zu einem das Leben tragenden Glauben, die Menschen aus einer Begegnung mit Jesus erfahren haben. Für viele hat diese Begegnung mit Jesus zu einer Lebenswende geführt, sie bekehren sich zu ihm, binden ihr Leben voll und ganz an ihn. Aus solchen Jesuserfahrungen erwuchsen innerhalb und außerhalb der christlichen Kirche(n) neue Deutungen dieses Jesus, neue Facetten, die Aspekte zu einem Gesamtbild beitragen.

Die überaus große Vielfalt von Jesuserfahrungen und Jesusdeutungen führt wiederum zur Frage, was denn nun wirklich an ihm wichtig ist und gilt. Dabei ist schnell klar, dass die »Suche nach Jesus« ein Weg zu den Anfängen sein muss, aus denen heraus sich alles entwickelt hat. Woher wissen wir von Jesus?

Wir sind bei einer Beschäftigung mit Jesus fast ausschließlich auf die Zeugnisse des Neuen Testaments, des zweiten Teils der christlichen Bibel, angewiesen, müssen diese Zeugnisse aber im Blickwinkel des Alten, Ersten Testaments sehen – dazu später mehr. Gewiss, es gibt auch in der außerbiblischen Literatur einige Hinweise auf Jesus. Sie reichen aus, um seine Person als historisch gesichert anzunehmen. Dass er gelebt hat und am Kreuz gestorben ist, kann von diesen außerbiblischen Texten her vernünftigerweise nicht bestritten werden. Dort ist er mindestens ebenso gut bezeugt wie viele andere große Gestalten der Antike. Doch die außerbiblischen Zeugnisse beantworten uns nicht die Frage, warum Jesus eine solche Bedeutung für das Leben auch anderer Zeiten gewonnen hat, warum er mehr ausstrahlt als alle anderen Menschen seiner Zeit. Niemand etwa bindet sich heute an Gestalten wie Kaiser Augustus oder Spartakus oder auch – biblisch – Johannes den Täufer. Unsere Frage, warum gerade dieser Jesus eine solche Bedeutung gewonnen hat, bleibt also.

Der Zugang zu Jesus über die biblischen Zeugen seines Lebens ist der einzig sinnvolle Weg, der uns Jesus vor Augen stellen kann. Allerdings muss bei diesem Weg einiges als Voraussetzung bedacht werden:

– Die Schriften der Bibel, auch die des Neuen Testaments, beruhen auf den damaligen religiösen Vorstellungen und sind eingebettet in eine andere, eine antike Kultur und Gesellschaft, die sich von unserer fundamental unterscheidet. Nicht nur die Sprache der Texte ist eine andere als die unsere, auch die hinter den Worten stehende Denkweise. Es muss also zurückgefragt werden, was hinter den geschriebenen Worten steht. Es muss unterschieden werden zwischen zeitgebundenen Aussagen und dem, was unabhängig von damaliger Kultur und Religion auch für uns Bedeutung gewinnen kann. Aufzuzeigen, dass Jesus für Juden damals die Erfüllung ihrer Hoffnungen bedeuten konnte, nützt uns noch überhaupt nichts. Erst wenn wir das, was Jesus ausmacht, auch mit unserer Kultur verbinden können, gewinnen wir einen Zugang zu seiner Gestalt.

- Jesus war Jude und lebte aus seinem jüdischen Glauben heraus. Die hebräische Bibel (weithin unser Altes, Erstes Testament) war seine Bibel, er war eingebunden in eine von jüdischer Religion geprägten Gesellschaft. Jesus lebte aus dieser Religion heraus, setzte in ihr aber wichtige Akzente, was das Gottesbild, die Beziehung Gottes zum Menschen und das erhoffte Reich Gottes für alle anging. Jesus kann nur aus jüdischem Glauben heraus verstanden werden. Ebenso fußen die Texte des Neuen Testaments auf denen des Alten.
- Die Schriften der Bibel, auch die Evangelien, die vom Leben, Sterben und Auferstehen Jesu berichten, sind keine in heutigem Sinn historischen Texte, keine Biografie dieses Jesus von Nazaret. Es gibt keinerlei von ihm selbst geschriebenes Zeugnis. Wohl aber gibt es – in einem komplizierten und länger andauernden Prozess entstandene – Glaubenszeugnisse unterschiedlicher Jüngerinnen und Jünger, die in den Gemeinden der Anfangszeit zuerst mündlich, dann auch schriftlich gesammelt wurden. Was diese Menschen damals mit Jesus erfahren haben – während seines Lebens, aber dann vor allem rückblickend danach – hat sie so beeindruckt und ihr Leben verändert (Bekehrung zu Jesus, dem gekreuzigten Auferstandenen), dass sie anderen davon erzählten und diese Erzählungen schließlich schriftlich zusammenfassten. Es

geht also in allen neutestamentlichen Erzählungen nicht um Augenzeugenberichte von Ereignissen aus dem Leben Jesu, sondern um Glaubenszeugnisse, die die Ereignisse des Lebens Jesu nach Ostern neu bedachten und aus der Erfahrung des unter ihnen lebenden Christus heraus in eine neue Sprache brachten.

- Dennoch, trotz dieses Charakters der biblischen Texte als Glaubenszeugnisse, findet sich in ihnen genügend historisch belegbares Material, genügend an Informationen über den Lebensweg Jesu, dass man ihn nicht nur als Gründungsgestalt christlichen Glaubens beschreiben kann, sondern auch als den konkreten Menschen aus Nazaret, der mit einer bewegenden Botschaft an die Öffentlichkeit seines Volkes ging, der das Reich Gottes als die unbedingte Zuwendung Gottes zu *allen* verkündete, auch zu den am Rand der Gesellschaft Lebenden, bei dem Wort und Tat übereinstimmten und der so zur Entscheidung aufrief, dass einige ihm als Jüngerinnen und Jünger folgten, andere ihn aber aus ihrem Verständnis von Religion heraus verfolgten und schließlich töteten.

Der Weg dieses Buches wird deshalb der folgende sein: Wir versuchen zuerst, Jesus in seine Zeit einzuordnen, die Bedingungen seines Lebens in einer uns fremden Zeit, Kultur und Religion aufzuzeigen *(Jesus – Mensch seiner Zeit)*. Danach geht es uns um das, was wir den Schriften des Neuen Testaments als Kernbotschaft Jesu entnehmen können, was aber nicht nur die Worte, sondern auch die Taten dieses Jesus geprägt hat. Es geht um die von Jesus in seinem Lehren und Handeln aufgezeigte Perspektive des Reiches Gottes für alle *(Jesus – Prophet in Wort und Tat)*. Mit seiner Lehre forderte Jesus zur Entscheidung heraus. Dies führte nicht nur zu einer Jüngergemeinschaft, sondern ebenso zur Verfolgung, zur Auslieferung dieses Propheten Gottes durch die Verantwortlichen seines Volkes an die Römer und zu seinem Tod am Kreuz. Der von Gottes Geist erfüllte Prophet wird zum Märtyrer für seine Sache, die Botschaft vom Reich Gottes. Was wir darüber wissen können und welche Deutungen der Leidensweg Jesu im Neuen Testament gefunden hat, ist Thema eines weiteren Kapitels *(Jesus – Märtyrer des Reiches Gottes)*. Was als absolutes Scheitern seines Lebensprojektes aussah, verstanden die Frauen und Männer, die ihm folgten, bald anders. Sie machten nach seinem Tod die Erfahrung eines Lebenden, die die innere Mitte ihrer Gemeinschaft bildete. Dies stellte eine grundsätzliche Wende dar. Nicht mehr allein seine Botschaft wurde für die Jüngergemeinschaft bedeutsam, sondern jetzt auch seine Person selber. Aus dem Verkünder einer Botschaft wurde der Verkündete, zu dem man sich bekannte *(Jesus – Erfahrung eines Lebenden)*.

Doch dies führte zu weiteren Fragen: Wie sollte man eine solche österliche Erfahrung ausdrücken? Wie konnte man den Lebenden bekennen – als wiederkommenden Herrn, als endzeitlichen Propheten, als Messias (Christus), als auferstandenen Herrn, als die Mitte der Gemeinschaft, als den, der in seinem Geist überall da ist, wo sich »zwei oder drei in seinem Namen versammeln«. Deutungen, Titel und Namen für Jesus, den gekreuzigten Auferstandenen wurden unterschiedlich bedacht und zeigen unterschiedliche Erfahrungen mit ihm auf *(Jesus – Christus Gottes)*. Diese Deutungen Jesu wurden in der Geschichte der Christen ständig fortgeführt. Besonders im dritten und vierten Jahrhundert gab es viele Ansätze, die

Botschaft des Neuen Testaments von Jesus, dem Christus Gottes, in neue Begriffe zu bringen, die mit dem nunmehr griechischen Denken der Christen übereinstimmen konnten. Nur sehr zusammengefasst kann diese vielschichtige Entwicklung in dieses kleine Buch einfließen *(Jesus – Gott und Mensch).*

Auch wenn dies alles bedacht und in kurzer Form dargestellt worden ist – die eigentliche Frage für uns bleibt noch: Wer ist dieser Jesus, den die Jünger nach Ostern als den Boten Gottes bekennen und dessen Botschaft durch die Auferstehung von Gott bestätigt ist, für uns heute? Was kann dieser Mensch, der vor zweitausend Jahren lebte, für Menschen heute bedeuten? Wie kann er unser Leben bestimmen? Welche Bedeutung hat er zudem für Menschen anderer Religionen, für die Menschheit überhaupt? Diese Thematik ist die entscheidende Zielsetzung dieses Buches *(Jesus – Heil für uns heute).* Das Buch klingt aus mit einem Bekenntnistext, der auf der Grundlage des vorab Gesagten eine Zusammenfassung in einer anderen Sprachform bietet: *Jesus – ein Bekenntnis.*

Ein langer und aufgrund des Umfangs dieses Buches konzentrierter Weg zeichnet sich ab. Doch es ist kein rein theologischer Weg, keine »Spekulation« über den Glauben an Jesus. Es soll ein Weg werden, sich des eigenen Glaubens neu bewusst zu werden oder neu zu einem eigenen Glauben zu finden, das persönliche Bekenntnis zu Jesus auf einen guten Grund zu stellen.

Der Name »Jesus« heißt im Hebräischen »Gott ist Hilfe«. Jesus ist demnach nicht nur Name, sondern auch Programm dieses Menschen aus Nazaret: Gottes Hilfe denen zu geben, die es nötig haben. Jesus – Gott ist Hilfe, damals wie heute. Auch für uns.

Jesus – Mensch seiner Zeit

Woher wissen wir überhaupt etwas von Jesus von Nazaret, einem Menschen, der vor zweitausend Jahren in einer völlig unbedeutenden Ecke des Römischen Reiches lebte, der die Grenzen seines Heimatlandes nicht überschritten und sich mit seiner Botschaft im Wesentlichen auch nur an sein eigenes Volk gewandt hat? Manche fragen sogar, ob das, was wir von Jesus wissen, nicht nur Legende ist, ob nicht mit Jesus ein Mythos aufgebaut wurde (von interessierter kirchlicher Seite), der einer kritischen Überprüfung nicht standhält.

Hier muss zuerst einmal festgestellt werden, dass wir über Jesus erstaunlich, ja unvergleichlich viel Konkretes wissen, vergleicht man ihn mit anderen Menschen seiner Zeit. Es gibt eine Fülle von Hinweisen auf sein Leben und Handeln, auf sein Denken und Reden, auf sein tragisches Schicksal und auf die Wirkung, die er im Leben, im Sterben und danach auf Menschen seiner Umgebung ausgeübt hat. Als Quellen sind hier natürlich zuerst die vier Evangelien des Neuen Testaments zu nennen, teilweise auch die anderen neutestamentlichen Schriften. Aber es gibt auch so genannte »apokryphe« Evangelien, die eigene Traditionen über Jesus oft in wundersamen Legenden erzählen, in denen aber – so die neuere Forschung – durchaus glaubhafte Informationen über Jesus verborgen sind. Auch kann man außerchristliche zeitgenössische Quellen hinzuziehen, vor allem jüdische, weil sie viel über das geografische, politische, wirtschaftliche und religiöse Umfeld dieses Jesus von Nazaret aufzuzeigen vermögen.

Auffallend ist auch, dass Handschriften des Neuen Testaments (die Urschriften sind verloren gegangen) bereits aus sehr früher Zeit (3. Jahrhundert) erhalten sind, während etwa die frühesten Abschriften von Texten des griechischen Dichters Homer nur aus dem Mittelalter vorliegen. Die Quellenlage ist, was Jesus betrifft, also gegenüber anderen antiken Personen unvergleichlich gut.

Dennoch hat sich nach langer Arbeit der Bibelwissenschaft gezeigt, dass es unmöglich ist, ein Leben Jesu in Art einer Biografie zu schreiben. Die Autoren des Neuen Testaments wollten keinen historisch belegbaren Ablauf der Geschichte Jesu aufzeigen, sie wollten ebenso wenig die persönliche und psychologische Entwicklung Jesu erhellen. Vielmehr ging es ihnen um Glaubenszeugnisse, um Bekenntnisse zu Jesus als dem Christus Gottes. Beim Lesen dieser Texte über Jesus (und aller biblischen Texte) darf man die literarische Gattung nicht aus den Augen verlieren: Es handelt sich um Sprachformen, die von Glaubenserfahrungen erzählen und beim Leser (Hörer) eigene Glaubenserfahrungen anregen wollen.

Dennoch lässt sich zum Ablauf des Lebens Jesu viel aus den Texten entnehmen. Jesus lässt sich sowohl zeitlich wie räumlich einordnen. Sein Umfeld, die politischen, sozialen und religiösen Verhältnisse, die ihn prägten und innerhalb derer er seine Botschaft verkündete, lassen sich aufzeigen. Dadurch bereits gewinnt Jesus Kontur, erscheint uns seine Gestalt deutlicher vor Augen – in diesem Kapitel sollen dazu einige Fakten aufgeführt werden. Doch mit diesem ersten Blick ist erst ein Rahmen geschaffen, in den dann die Botschaft dieses Jesus hineingestellt werden kann: Jesus, ein Mensch seiner Zeit, verkündete eine Botschaft, die über seine Zeit hinausging.

Wann lebte Jesus?

Es scheint ganz einfach zu sein: Wir zählen schließlich unsere Zeit nach Jesu Geburt und haben damit einen präzisen Anhaltspunkt für sein Leben. Dies stimmt nur bedingt. Die christliche Zeitrechnung setzte sich erst in vergleichsweise später Zeit durch. Es gab zudem noch Differenzen durch Kalenderreformen (julianischer und gregorianischer Kalender – daraus ergeben sich die Unterschiede zwischen den orthodoxen Kirchen des Ostens und unseren westlichen Kirchen). Zudem hatte sich der Mönch Dionysius, der im 6. Jahrhundert den Ostertermin berechnete, geringfügig verrechnet. Der Geburtstermin Jesu liegt daher nicht im Jahr 1.

Die Evangelien helfen uns bei der Einordnung des Lebens Jesu in einen zeitlichen Rahmen nur indirekt weiter, einige Angaben widersprechen sich zudem. Deshalb lassen sich die Daten von Geburt und Tod als Rahmen seines Lebens nur ungefähr erschließen.

Die Geburt Jesu: Die Kindheitsgeschichten von Matthäus und Lukas sind keine biografischen Texte, ihre Hinweise auf Herrscher (Kaiser Augustus, König Herodes ...) sind deshalb nur mit Vorsicht zu akzeptieren. Einen Statthalter Quirinius (vgl. Lukas 2,2) gab es in Syrien erst ab 6 n. Chr.; Herodes, der König von Judäa, starb aber bereits 4 v. Chr. (vgl. Lukas 1,5). Auch die vielfältigen Spekulationen über eine besondere Sternkonstellation, die den wandernden Wunderstern der Magier aus dem Osten (Matthäus 2) erklären wollen, verkennen die literarische Gattung (Textsorte) dieser Erzählung. Aus diesen biblischen Texten lässt sich das Geburtsjahr nicht sicher ermitteln. Vieles aber spricht für die letzte Zeit des Königs Herodes, also etwa 7-6 v. Chr., als Geburtsjahr Jesu.

Das öffentliche Wirken Jesu: Jesus soll nach Lukas 3,23 etwa 30 Jahre alt gewesen sein, als er – mit dem Schlüsselereignis der Taufe durch Johannes – sein öffentliches Wirken begann. Die Evangelien machen unterschiedliche Angaben, ob dieses Wirken ein oder drei Jahre gedauert hat. Lukas 3,1 nennt das 15. Jahr des Kaisers Tiberius als Zeitangabe für das Auftreten Johannes des Täufers. Da nicht klar ist, ab wann man die Herrschaft des Tiberius zählen soll, ergibt sich eine Zeitspanne von 26 bis 30, in der das öffentliche Lehren und Handeln Jesu einzuordnen ist.

Der Tod Jesu: Die Amtszeit des Pilatus war von 26 bis 36 n. Chr. Da entsprechend der Angaben des Johannesevangeliums (s. u.) anzunehmen ist, dass Jesus am Tag vor dem Pascha (Rüsttag des Pascha, das ist nach jüdischem Kalender der 14. Nisan) starb und zwar an einem Freitag, ergeben sich die Jahre 30 und 33, bei denen der Rüsttag des Pascha auf einen Freitag fiel. Mit hoher Wahrscheinlichkeit ist deshalb Freitag, der 14. Nisan im Jahr 30, der Todestag Jesu.

Jesus starb an einem Freitag. Doch die Evangelien unterscheiden sich in der Annahme, ob dieser Todesfreitag der Tag des jüdischen Pascha oder der Tag davor (der Rüsttag zum Pascha) war. Die drei synoptischen Evangelien gehen vom Pascha, Johannes vom Rüsttag aus. Es spricht vieles dafür, dass die Chronologie des Johannes stimmt und dass die Synoptiker aus theologischen Gründen zu einer Verbindung von Abendmahl Jesu mit dem Schlachten der Paschalämmer am Vortag des Pascha kamen, damit den Todestag auf das Pascha selbst festlegten. Doch eine Entscheidung dieser Frage kann nicht abschließend getroffen werden.

Das Leben Jesu kann somit ungefähr auf die Zeit von ca. 6 v. Chr. bis 30 nach Chr. festgelegt werden.

Wo Jesus lebte und wirkte

Der Raum, in dem Jesus lebte und wirkte, lässt sich aufgrund der Angaben der Evangelien leicht bestimmen: Es ist vor allem die im Norden Israels gelegene Landschaft Galiläa, in geringerem Maß auch die angrenzenden Gebiete. Gegen Ende seines Wirkens verlagerte Jesus dann sein Wirken nach Jerusalem, der Stadt seines Leidens und Sterbens. Zwischen Galiläa und Jerusalem lebte Jesus. Das kann näherhin bestimmt werden:

Der Geburtsort Jesu: Die Evangelien bezeichnen Jesus übereinstimmend als den Galiläer oder als aus Nazaret stammend. Von der Vielzahl der Aussagen ausgehend kann man die kleine Stadt Nazaret auch als den Geburtsort Jesu bezeichnen. Für Markus wie Johannes ist dies selbstverständlich. Matthäus und Lukas dagegen bringen in den Kindheitsgeschichten Jesu am Anfang ihrer Evangelien eine andere Tradition ein, hier wird sein Geburtsort in das nahe bei Jerusalem gelegene Betlehem verlegt. Betlehem ist in der jüdischen Tradition die Stadt (obwohl damals eigentlich nur ein Dorf) Davids. Mit der Anbindung der Geburt Jesu an Betlehem wird eine Beziehung zu David hergestellt und damit eine theologische Aussage gemacht: Dieser Jesus ist der neue und wahre König Israels, der das Reich Israel wiederherstellen und die Menschen in Israel befreien wird. Die Textsorte der Geburtsgeschichten – besser Geburtslegenden – sowohl bei Matthäus wie bei Lukas lässt es nicht zu, daraus historische Rückschlüsse zu ziehen: Es geht den beiden Evangelisten um theologische Aussagen, die das Kommen Jesu deuten wollen. Weil der Messias nach der Schrift in Betlehem geboren werden soll (vgl. Micha 5,1.3), muss Jesu Geburt mit Betlehem verbunden werden. Doch kann man unabhängig von dieser theologischen Deutung davon ausgehen, dass Jesu Geburtsort Nazaret war.

Das öffentliche Wirken Jesu: Jesu Taufe durch Johannes findet am Jordan statt, wahrscheinlich im südlichen, judäischen Teil. Doch dann wendet sich Jesu auf seinen Wanderungen vor allem den Dörfern und Städten Galiläas zu, vor allem rund um den See Gennesaret, dem »galiläischen Meer«. Hier liegt das Zentrum seines Auftretens. Vor allem wurde der Fischerort Kafarnaum zu seiner zweiten Heimat – der Ort, aus dem Petrus stammte. Über diese Gegend rund um den See ist Jesus nur selten hinausgekommen, und auch in diesem Gebiet wandte er sich mehr an die jüdische Bevölkerung in den Dörfern als an die eher griechisch (hellenistisch) geprägte Bevölkerung der Städte.

Jerusalem: Die Evangelien unterscheiden sich in der Angabe, wie oft Jesus bei seinem öffentlichen Wirken nach Jerusalem gereist ist. Markus baut seinen Text so konzentriert auf, dass er einen Spannungsbogen schafft, der von Galiläa zu einer einzigen Reise nach Jerusalem führt. Johannes dagegen nennt mehrere Reisen zum Pascha nach Jerusalem. Das kann aber auch ein redaktionelles Mittel zur Gliederung seines Evangeliums sein. Allerdings ist es durchaus wahrscheinlich, dass der gläubige Jude Jesus so oft es ihm möglich war nach Jerusalem gepilgert ist. Unabhängig davon ist Jerusalem in jedem Fall der Ort seines Leidens und Sterbens. Auch verbinden sich andere Traditionen seines Wirkens wie die Tradition von Bethanien (Lazarus und seine Schwestern) mit Jerusalem. Hier also entscheidet sich alles, hier ist der Ort, an dem das Leben Jesu auf sein letztes Ziel zugeht.

Menschen, auch bedeutende Gestalten der Weltgeschichte, stehen nie allein, sondern sind immer eingebunden in ein Netz von Beziehungen zu anderen Menschen. Dieses Netz wird wesentlich von ihnen geprägt, umgekehrt aber erhalten auch sie Prägungen durch die Menschen ihres Umfeldes. Auch bei Jesus lohnt es sich deshalb, die Menschen in seinem Umfeld zu betrachten und seine Interaktion mit ihnen zu reflektieren.

Die Familie Jesu: Die Familie Jesu ist nach übereinstimmender Meinung der neutestamentlichen Schriftsteller bekannt. Unbefangen (und noch nicht eingebunden in dogmatische Festlegungen späterer Zeiten) sprechen sie von seiner Mutter Maria, von seinem Vater Josef, von seinen Brüdern und Schwestern. Josef war Zimmermann, der entweder Pflüge oder Joche für die Ochsen der Bauern herstellte oder als Bauhandwerker tätig war. Jesus lernte dieses Handwerk von seinem Vater, wie es in Handwerkerfamilien üblich war. Es ist anzunehmen, dass die Familie sehr eng an die jüdische Religion gebunden war, dass Jesus in ihr auch einen ersten und entscheidenden Zugang zum Glauben an Gott gefunden hat.

Über das Verhältnis Jesu zu seiner Familie während seiner Jugend und ersten Erwachsenenzeit ist nichts bekannt (die Erzählung vom zwölfjährigen Jesus [Lukas 2,41-52] ist eine Legende, die die enge Verbindung Jesu zu seinem »abba«, zu Gott, herausstellen will). Doch als Jesus beginnt, aus seinem Umfeld in Nazaret herauszutreten und in der Öffentlichkeit wie einer der großen Propheten zu wirken, distanziert sich seine Familie zunehmend von ihm, verliert aber nicht den Kontakt – später gehören Familienangehörige (Maria, sein Bruder Jakobus ...) zur ersten christlichen Gemeinde.

Sowohl Matthäus (1,6) wie Lukas (2,4) verbinden die Abstammung Jesu mit König David. Dies ist möglich, aber keineswegs sicher. Der Hinweis auf David könnte an diesen und anderen Stellen auch theologisch begründet sein, um so Jesus überzeugender als den Messias, den zweiten David, darzustellen. Doch gleich wie es sich mit der davidischen Abstammung Jesu verhält, er kann bereits kurz nach seinem Tod mit dieser Tradition jüdischen Messiasglaubens in Beziehung gebracht werden.

Johannes der Täufer: Von Johannes wissen wir weithin nur aus den Evangelien, diese Informationen jedoch sind »christlich gefärbt«. Dahinter kann ein Gegensatz zwischen den Johannesjüngern und den Jesusjüngern in der Zeit der Entstehung der Quellen des Neuen Testaments liegen. Johannes wird somit in einen deutlichen Gegensatz zu Jesus gebracht, ihm auch untergeordnet: der »Vorläufer«.

Es gilt als sicher, dass Jesus über seine Taufe hinaus eine enge Beziehung zu Johannes hatte, vielleicht sogar eine Zeit lang mit ihm zog und sein Jünger war. Die Taufe Jesu durch Johannes, die als historisch verbürgt gelten muss, ist kaum denkbar als einmaliger Akt, ohne dass vorher eine Beziehung zwischen beiden (vielleicht als Lehrer-Schüler-Beziehung) stattgefunden hat. Was ist die Botschaft des Johannes, die auch Jesus in hohem Maß beeindruckte?

Johannes, wahrscheinlich priesterlicher Abstammung, wirkt etwa von 27 n. Chr. an in der judäischen Wüste bis zum Jahr 29 n. Chr., in dem er auf Befehl des Herodes Antipas enthauptet wird, weil er Kritik an der ungesetzlichen Ehe des Herodes mit seiner Schwägerin Herodias geübt hat. Die in Wort und Zeichen (seine asketische Lebensweise in der Wüste) vorgetragene Botschaft ist die des unmittelbar bevorstehenden Gerichts, das alle die trifft, die nicht (gleichsam in letzter Sekunde) umkehren und sich neu zum Bund mit Gott bekehren. Diese Bekehrung findet in der Zeichenhandlung der Taufe statt. Auch die Zugehörigkeit zum jüdischen Volk kann nicht retten, sondern allein die Umkehr und danach ein ethisch verantwortetes Leben. Die Gerichtspredigt des Johannes passt zu apokalyptischen (endzeitlichen) Erwartungen, die damals im Judentum verbreitet waren. Ebenso passt dazu die Ankündigung einer messianischen Gestalt, die diese Endzeit herbeiführt und die von Johannes angekündigt wird. Es scheint wahrscheinlich, dass diese Erwartung und Predigt des Johannes dann von den neutestamentlichen Schriftstellern auf Jesus bezogen wurde: Er ist der verheißene und angekündigte Messias.

Jesus stand in enger Beziehung zu Johannes, doch löste er sich nach seiner Taufe von ihm. Dies liegt vor allem daran, dass Jesus seiner Botschaft andere Akzente gibt, als Johannes es tut. Wo Johannes angesichts des unmittelbaren Weltendes über den Zorn und das Gericht Gottes predigt und deshalb die sofortige Umkehr in der Taufe verlangt, betont Jesus mehr das Heilsangebot Gottes, das in dieser entscheidenden Zeit allen gilt, auch den Sündern. Auch für Jesus liegt eine Zeit der Entscheidung vor. Allerdings geschieht für ihn die Umkehr zu Gott nicht in einer Zeichenhandlung wie der der Taufe, sondern in einem Leben der Gottes- und Nächstenliebe. Anders als Johannes bleibt Jesus auch nicht in der Wüste, sondern geht zu den Menschen in ihre Dörfer und Städte, er lässt sich (»Fresser und Säufer«) auf das Leben der Menschen ein – anders als Johannes in seiner asketischen Lebensweise. Wenn also der Ausgangspunkt des Wirkens Jesu durchaus in einer Beziehung zu Johannes liegt, so hat sich Jesus schon bald von ihm getrennt. Nicht Strenge und gerechtes Gericht sind die vorrangigen Themen seiner Predigt, sondern Liebe und Barmherzigkeit. Und: So wie Gott sich barmherzig zeigt und alle in seine Gemeinschaft einschließen will, so sollen es auch die Menschen tun. Zudem kommt, dass Gottes Eingreifen in die Welt schon anfanghaft begonnen hat – in Jesus selbst.

Jüngerinnen und Jünger: Sowohl Johannes wie auch Jesus haben einen Kreis von Jüngern um sich geschart, von Frauen und Männern, die mit ihnen zogen und das Leben mit ihnen teilten. Dies ist nicht zu vergleichen mit dem rabbinischen Lehrer-Schüler-Verhältnis, bei dem nur Männer an einem festen Ort (einem Lehrhaus) in eine Beziehung zu einem Lehrmeister (Rabbi) traten. Vielmehr ähnelt die Beziehung der Jüngerinnen und Jünger zu Jesus eher den Propheten und ihren Schülern: Diese ziehen mit dem Propheten durch das Land, gewinnen durch ihre Beziehung zum Meister selber charismatische Kraft und haben Anteil an ihrer Sendung und ihrer Botschaft. Ebenso werden die Jüngerinnen und Jünger mit Jesus »heimatlos«, sie lassen alles zurück und haben so eine Außenseiterrolle in der damaligen Gesellschaft. Von Jesus werden sie beauftragt, an der Verkündigung seiner Botschaft, ja auch an seinen Taten (Heilungen, Austreiben von Dämonen) teilzunehmen.

Die Jüngergemeinschaft wird bei Jesus zu einem Symbol: Er will Israel in seiner Gemeinschaft mit Gott und untereinander wiederherstellen. Die Jünger, besonders die Zwölf, stehen dabei für die zwölf Stämme Israels. Die Zwölf sind also bereits als Gruppe ein Zeichen des mit Jesus anbrechenden Heils: In ihm wirkt Gott, lässt Gott sein Volk Israel neu erstehen – und dies zum Heil aller Völker.

Neben den Jüngerinnen und Jüngern, die mit Jesus zogen, hatte er auch eine Anzahl von Anhängerinnen und Anhängern, die in ihren Wohnorten blieben und die durchreisenden Propheten-Prediger materiell unterstützten (Unterkunft, Nahrung ...). In solchen Menschen und kleinen Gruppen von Unterstützern zeichnet sich bereits das ab, was später zur Sammlung von christlichen Gemeinden geführt hat: Menschen bekennen sich zu Jesus, und sie tun dies in einer Gemeinschaft Gleichgesinnter.

Auffallend ist sowohl bei den engsten Jüngern wie auch bei dem weiteren Anhängerkreis Jesu, dass dazu anders als bei jüdischen Rabbis auch Frauen gehörten. Unbefangen wendet sich Jesus an Männer und Frauen, macht auch und gerade die gesellschaftlich unbedeutenden Frauen zu Empfängern seiner Botschaft, wendet sich ihnen lehrend und heilend zu. Gegen eine männerzentrierte und patriarchalische Gesellschaft setzt er auch hier als neuen Akzent, dass Gottes Barmherzigkeit sich allen ohne Unterschied zuwendet. Wenn trotzdem nur Männer zum Kreis der Zwölf gehörten, dann liegt das an der Art des Sinnbildes: Die zwölf Söhne Jakobs als Stammväter Israels konnten allein durch Männer repräsentiert werden, wenn dieses Bild der anbrechenden Endzeit verstanden werden sollte. Sonst aber spielten Frauen auf dem Lebensweg Jesu eine herausragende Rolle. Jede Frauen zurücksetzende oder gar diskriminierende Gestalt kirchlichen Lebens kann sich nicht nur nicht auf Jesus berufen, sondern widerspricht seinem wesentlichen Anliegen von der Barmherzigkeit Gottes, die im anbrechenden Reich allen gilt, auch und gerade den Frauen.

Die Gegner Jesu: Wer sich mit einer besonderen Botschaft und Lebensweise, mit beeindruckenden Taten und Lehren im Volk exponiert, gewinnt Anhänger, aber auch Gegner. Dies lässt sich auch bei Jesus von Anfang an erkennen. Dabei zeichnen die Evangelien unterschiedliche Gruppen von Gegnern, bringen aber in diese Zeichnungen teilweise auch Probleme ein, die die urchristlichen Gemeinden erst in einer Phase der Ablösung von der jüdischen Religion hatten (etwa im Bezug auf die Pharisäer, die nach der Zerstörung des Tempels im Jahr 70 zur einflussreichsten jüdischen Gruppe wurden und deshalb auch in den Evangelien vorrangig genannt werden).

Die *Pharisäer* waren eine Frömmigkeitsbewegung, die auf die unbedingte Einhaltung des jüdischen Gesetzes Wert legten. Dies taten sie unter anderem dadurch, dass sie die grundlegenden Glaubensaussagen des Judentums (der Mensch in seiner Beziehung zum Gott des Bundes) dadurch zu schützen suchten, dass sie eine Fülle von Reinheitsgeboten (etwa zum Sabbat) wie »einen Zaun um das Gesetz des Mose« legten. Jesus stimmte den Pharisäern zwar in den grundsätzlichen Fragen zu (etwa Glaube an Auferstehung), wandte sich aber gegen die Einengung des Menschen in ein Korsett von Vorschriften, die er doch nicht einhalten konnte (»Der Sabbat ist für den Menschen da, nicht der Mensch für den Sabbat«). Die Pharisäer übten ständig Kritik an Jesu Verhalten, aber eine tödliche Feindschaft erwuchs daraus keineswegs.

Die *Schriftgelehrten* (oder Gesetzeslehrer) waren religiöse Lehrer, die eine Auslegung der religiösen Traditionen aufgrund der Schrift versuchten. Sie stehen Jesus in unterschiedlicher Weise gegenüber: Einige sympathisieren mit ihm, andere lehnen seinen freien Umgang mit der Schrift ab.

Die *Sadduzäer* waren die religiöse, gesellschaftliche und auch politische Führungsschicht in Jerusalem. Sie führen ihre Bedeutung von ihrer Herkunft aus einem hohenpriesterlichen Geschlecht zurück und beanspruchen deshalb, den für Israel zentralen Tempeldienst zu gestalten. Sie müssen als die eigentlichen Gegner Jesu verstanden werden, spätestens seitdem aufgrund der »Tempelreinigung« die grundsätzliche Tempelkritik Jesu deutlich wurde. Sie fühlten sich durch das Wirken Jesu persönlich und in ihrem Wirken angegriffen. Die Tempelaristokratie in Jerusalem und damit eine relativ kleine, aber umso mächtigere Gruppe, waren die eigentlichen Todfeinde Jesu. Sie lieferten ihn dann an die Römer aus.

Leben, Lehre und Wirken Jesu haben die Menschen seines Umfelds polarisiert. Er beeindruckte alle durch seine charismatische Kraft zu sprechen und seine Botschaft überzeugend mit Zeichenhandlungen und seinem Lebensstil zu verbinden. So fanden Frauen wie Männer zu ihm, folgten ihm in unmittelbarer Gemeinschaft oder in einem weiteren Anhängerkreis – die späteren Gemeindestrukturen lassen sich hier anfanghaft erkennen. Andere wiederum, besonders die Mächtigen in Jerusalem, die sich durch Jesu Kritik bedroht fühlten, wurden zu seinen unerbittlichen Gegnern und bewirkten schließlich seine Hinrichtung. Bei allem aber wird die Anbindung Jesu an sein jüdisches Volk und an seinen jüdischen Glauben deutlich: Er erscheint als einer der großen jüdischen Propheten; seine Botschaft bleibt innerhalb des jüdischen Rahmens. Das soll im folgenden Kapitel näher bedacht werden.

Das Leben Jesu kurz gesagt

1. Jesus war Jude, vielleicht ein Nachkomme König Davids, auf jeden Fall eingebettet in das jüdische Volk der damaligen Zeit.
2. Er wurde ungefähr 6 Jahre vor dem Beginn unserer Zeitrechnung in Nazaret in der jüdischen Provinz Galiläa als Sohn des Zimmermanns Josef und dessen Frau Maria geboren.
3. Seine Muttersprache war Aramäisch, doch konnte er wohl auch Hebräisch lesen und sprechen.
4. Jesus war unverheiratet und übte den Beruf eines Zimmermanns aus.
5. Mit dreißig Jahren erfuhr sein Leben, angeregt durch die Botschaft und die Taufe des Johannes, eine entscheidende Wende.
6. Jesus wandte sich nun als charismatischer Wanderprediger wie einer der großen Propheten Israels mit der Botschaft an die Menschen: Gott will seine Liebe allen Menschen zeigen. Sein Reich hat bereits anfanghaft begonnen.
7. Seine Worte bestätigte Jesus durch sein Leben, durch seine Heilungen und durch seine Gemeinschaft auch mit den Sündern. Sein Wirkungskreis war vor allem Galiläa.
8. Jesus erhielt für seine Botschaft Zustimmung von Menschen, die sich als Jüngerinnen und Jünger an ihn banden, aber auch Ablehnung, vor allem durch die Mächtigen in Jerusalem.
9. Am Ende seiner Tätigkeit, etwa im Jahr 30, wandte sich Jesus nach Jerusalem. Dort wurde er von den Mächtigen festgenommen und den Römern ausgeliefert, die ihn am Kreuz hinrichteten.
10. Seine Jünger machten nach seinem Tod die Erfahrung, dass er lebt und in ihrer Mitte wirkt.

Jesus –
Prophet in Wort und Tat

Menschen, die Jesus begegneten, wurden vor eine Entscheidung gestellt: Einige waren von seiner Botschaft so beeindruckt, dass sie ihr Leben neu ausrichteten und sich an ihn banden. Andere wiederum erkannten einen Widerspruch zwischen ihrer eigenen Auffassung und der Lehre Jesu. Sie verhielten sich ihm gegenüber ablehnend oder gar feindlich. Was machte den Kern der Botschaft Jesu aus, dass er in seinem Auftreten so polarisieren konnte? Was beeindruckte die einen, was lehnten die anderen ab?

Dieses Kapitel soll Jesu Lehre und Handeln aufzeigen. Dies geschieht in verschiedenen Schritten. Zuerst wird seine Botschaft, die Verkündigung des in ihm bereits angebrochenen Reiches Gottes, dargelegt. Von diesem Reich Gottes spricht Jesus besonders in Gleichnissen, einer Textsorte, die er vollendet beherrscht hat. Über seine Lehre hinaus aber werden auch in seinem Handeln das anbrechende Reich Gottes und Gottes alle umfassende Liebe deutlich. Deshalb spricht ein Abschnitt über die Wunder und Zeichen Jesu, ein weiterer erläutert die Tischgemeinschaft Jesu mit Menschen als zeichenhaftes Handeln, das die umfassende Gemeinschaft Gottes mit den Menschen symbolisch vorwegnimmt und beginnt.

Die unterschiedlichen Aspekte von Leben, Botschaft und Handeln Jesu sind in der Bibelwissenschaft immer wieder neu und oft in unterschiedlicher, ja sich in Detailfragen auch gegensätzlicher Weise behandelt worden. Hier geht es darum, über Einzelmeinungen hinaus einen gewissen Konsens zu schildern, zu dem man in unserer Zeit gefunden hat.

Die Botschaft vom anbrechenden Reich Gottes

Anders als Johannes, der das Gericht Gottes als unmittelbar bevorstehend verkündet und deshalb zu sofortiger Umkehr (zeichenhaft in der Taufe verwirklicht) aufruft, steht bei Jesus das kommende, doch in ihm bereits begonnene Reich Gottes in der Mitte seiner Botschaft. Es ist die Verkündigung von Heil, das Gott allen schenken will, auch denen, die nach Auffassung der meisten in Israel nicht dazugehören können: Heil also von Gott in Jesus für alle, auch für die Fremden, die Sünder, die Kranken und Behinderten (die Unreinen), für alle die, die keine Hoffnung mehr haben konnten. Anders als Johannes, als Essener und Pharisäer (auf je unterschiedliche Weise) setzt Jesus nicht auf einen heiligen Rest, der sich durch Gottes Hilfe gegen die Überzahl der Feinde (außerhalb Israels, aber auch innerhalb) durchsetzen wird. Seine Botschaft ist vielmehr eine Einladung an alle, »am Tisch Gottes Platz zu nehmen«. Jesu Botschaft ist eine gute Nachricht, eine frohe Botschaft (griechisch: ein »eu-angelion« – »Evangelium«), keine drohende Gerichtsbotschaft. Gewiss gibt es auch bei Jesus Hinweise auf ein bevorstehendes Gericht, dies aber steht bei ihm nicht im Vordergrund und ist bei ihm als Mahnung zu verstehen, den Ernst der Lage nicht zu verkennen und sich für das Kommen des Reiches Gottes zu öffnen. Das Gericht ist bei Jesus also kein unabwendbares Ereignis, das über viele Menschen hereinbricht, sondern ein selbstgewählter Ausschluss aus dem anbrechenden Reich Gottes.

Das Heil, das Jesus verkündet, gilt grundsätzlich allen Menschen. Wohl hat er sich in seiner Predigt und in seinem Handeln weithin auf Israel beschränkt, er fühlte seine Sendung als ausschließlich auf Israel bezogen. Von Israel aus sollte dann die Sammlung des »neuen Israels« über die Volksgrenzen hinausgehen. Nicht mehr die Abrahamskindschaft (die Zugehörigkeit zum jüdischen Volk) ist für das kommende Heil entscheidend, sondern die Bereitschaft jedes Einzelnen, sich Gott und seinem Reich zu öffnen – wie ein Kind, das vertrauensvoll ein Geschenk entgegennimmt.

Anders als oft in jüdischen Vorstellungen eines Eingreifens Gottes erwartet oder gar erhofft, bedeutet das Kommen des Reiches Gottes, so wie Jesus es verkündet, deshalb keinen umfassenden Sieg Israels über die äußeren Feinde, keine politische gesellschaftliche Befreiung (etwa von der Fremdherrschaft der Römer oder von der auch in jüdische Kreise eindringenden Geisteswelt des Hellenismus), keine soziale Revolution mit einer Umverteilung von den Reichen zu den Armen und Ausgebeuteten, kein Aussondern eines »reinen«, d. h. alle Gesetze haltenden Restes aus der Volksgemeinschaft. Vielmehr gilt das Heil Gottes allen Menschen, Gruppen und Völkern. Weil Gottes Barmherzigkeit grenzenlos ist, wird auch das Reich Gottes alle Grenzen sprengen. Weil Gott der *abba*, der Vater aller, ist, wird seine Gemeinschaft auch alle umfassen – zumindest so weit, wie die Menschen selber dazu bereit sind oder durch Jesu Botschaft bereit werden. Nicht Deklassierung, sondern Integration aller, nicht Ablehnung, sondern unbedingte Annahme, nicht Abwendung einer kleinen Gruppe ins Ghetto, sondern Zuwendung zu den Menschen, besonders den Armen und sozial an den Rand Gedrängten ist das Programm Jesu, das er in Wort und

> Jesus verkündete: Die Zeit ist erfüllt, das Reich Gottes ist nahe. Kehrt um, und glaubt an das Evangelium!
> *Markus 1,15*

Tat ausdrückte. Menschen, die krank oder behindert waren, die von Dämonen besessen und damit gesellschaftlich unrein waren, holte er ebenso zu sich wie die Sünder, etwa die Zöllner, die mit den römischen Fremdherrschern zusammenarbeiteten. Das Heil, das Jesus verkündet und das in ihm bereits beginnt, gilt allen ohne Grenze. Es geht ihm um den unbedingten und rückhaltlosen Heilswillen Gottes für alle Menschen, um eine neue Zeit, um die Erneuerung des Gottesvolkes Israel und der Menschheit.

Die Botschaft Jesu von der unbedingten Zuwendung Gottes zu den Menschen ist keineswegs etwas im Judentum völlig Neues. Vielmehr werden hier Glaubenserfahrungen aufgegriffen und vertieft, die bereits an vielen Stellen des Alten Testaments (der Hebräischen Bibel der Juden, auch Jesu) zusammengetragen sind und in verschiedenen Textsorten die Botschaft ausdrücken: Der Gott, zu dem sich die Juden (und damit Jesus und über ihn Christen bis auf den heutigen Tag) bekennen, ist ein Gott, der aus der Not befreit (grundlegend erfahren etwa beim Exodus, dem Auszug Israels aus Ägypten, oder auch bei der Rückführung aus dem Exil), ein Gott, der die Menschen auf dem Weg begleitet (grundlegend erfahren etwa bei Abraham oder dem alttestamentlichen Josef), ein Gott, der Leben schafft und erhält (grundlegend erfahrbar in der Schöpfung und in der Vielfalt des Lebens – Gott als Freund des Lebens), ein Gott, der in ein gutes Land führt (grundlegend erfahren in der Landnahme und erhofft im erneuten Eingreifen Gottes). Jesus also greift die wesentlichen Linien des alttestamentlichen Gottesbildes auf (vgl. dazu in der gleichen Buchreihe den Band: »Was bedeutet Gott für mich?«), doch betont er aus den vielfältigen Traditionen einige Linien besonders.

Gott als Vater: Unter den vielen Gottesnamen, die das Alte Testament aus den Erfahrungen glaubender Menschen gesammelt hat, findet sich auch das Bildwort von Gott als Vater (etwa Jesaja 64,9). Doch prägen andere Gottesbilder mehr die Schriften der Hebräischen Bibel (etwa Gott als Hirte, als König, als Licht ...). Jesus aber spricht von Gott vor allem als Vater. Darin klingt einerseits seine persönliche Gottesbeziehung an (»mein Vater«), aber auch ein Hinweis auf die Gotteserfahrung glaubender Menschen (etwa der Jünger), die sich im Begriff des Vaters ausdrücken kann (»euer Vater«). Wie ein Kind sich unbefangen an seinen Vater wenden kann, so können sich Menschen voll Vertrauen an Gott wenden. Durch diesen Gottesnamen zeigt Jesus als Kern seiner Botschaft auf, dass Gott der nahe Gott ist, der den Menschen auf seinem Weg begleitet und zu ihm steht.

Gott der Armen und Geringen: Die alttestamentliche Erfahrung, dass Gott aus der Not befreit, führt Jesus dadurch weiter, dass er in seinen Predigten, aber auch in seinem eigenen Handeln Gott als den zeigt, dessen Liebe in besonderer Weise den Armen und Geringen gilt. Gott setzt eine Option für die Armen – und das wird im Lehren und Leben Jesu ebenso deutlich. Besonders Lukas zeigt in seinem Evangelium diesen Aspekt als eine Art programmatische Leitlinie, wie Jesus Gott als den Gott verkündet, der den Armen zugewandt ist. Diesem Gott darf deshalb jeder vertrauen. Zugleich ist der Zuspruch der Liebe Gottes an alle aber auch ein Anspruch an diejenigen, die Jesus nachfolgen, ebenfalls eine Option für die Armen zu treffen.

> Meine Seele preist die Größe des Herrn ... Er stürzt die Mächtigen vom Thron und erhöht die Niedrigen.
> *Lukas 1,46.52*

Gottes Heil für alle: Obwohl Jesus sein Wirken auf sein Volk Israel konzentrierte, ist er in seiner Sicht des von Gott kommenden Heils keineswegs auf Israel beschränkt. Was im Alten Testament (etwa in der Vision der Völkerwallfahrt, Jesaja 60) anfanghaft anklingt, weitet sich bei Jesus: Ihm geht es um das neue Israel, die neue Gemeinschaft der Menschen mit Gott. Doch ist die Zugehörigkeit zu diesem neuen Volk Gottes nicht auf das jüdische Volk (die »Abrahamskinder«) beschränkt. Vielmehr ist allein der Glaube und das unbedingte Vertrauen von Menschen dafür entscheidend, ob sie das Heil von Gott in Jesus erfahren können. Gottes Heil gilt allen Menschen, grundsätzlich auch allen Völkern. Nur weil dies in der Botschaft Jesu bereits in dieser Weise angelegt ist, konnte die christliche Verkündigung schon bald nach Tod und Auferstehung Jesu über die Grenzen Israels hinaus zu heidnischen Völkern gelangen. Jesu Zusage des Heils für alle erst machte Weltkirche möglich. Diese Weite des Heils, die Jesus zuspricht, ist allerdings dann auch ein Anspruch an die, die ihm folgen, gegen jede Diskriminierung aus rassischen, sozialen oder anderen Gründen vorzugehen: Weil Gott Gemeinschaft mit allen will, sind alle Kinder des einen Vaters und untereinander Geschwister. Dies hat sehr konkrete Konsequenzen für die Lebensgestaltung.

Gottes Reich für die Menschen: Für das Alte Testament (und für Juden bis auf den heutigen Tag) spielt das verheißene Land eine zentrale Rolle. Das »Gelobte Land« mit Zion (Jerusalem) als geografische, aber vor allem religiöse Mitte ist ein Schlüsselbegriff für das erwartete Heil. Daran kann Jesus mit seiner Botschaft des Reiches Gottes anknüpfen, zugleich aber darüber hinausführen: Für ihn ist das Reich Gottes kein politischer Begriff, sondern die Königsherrschaft

Gottes übertrifft alle menschlichen Könige, alle menschliche Herrschaft. Es geht um das Heilsein und Ganzsein jedes Einzelnen in einer alle akzeptierenden Gemeinschaft. Dieses umfassende Heil kann mit dem Begriff des Schalom wiedergegeben werden, der mehr meint als nur äußeren Frieden. Es geht um politische, soziale und religiöse Harmonie, es geht um Menschen, die in Liebe verbunden miteinander vor und mit Gott leben.

Wenn Jesus das Reich Gottes verkündet, dann steht seine Botschaft unter einer gewissen Spannung. Denn zum einen verkündet er dieses Reich als bereits gekommen, als bereits anfanghaft erfahrbar, zum anderen verkündet er es als noch ausstehende, aber bald bevorstehende Größe. Das Reich Gottes steht in der Botschaft Jesu in der Spannung zwischen Gegenwart und Zukunft. Wie verhält es sich damit?

Zum einen ist für Jesus das Reich Gottes bereits da: Am Beginn des Markusevangeliums (Markus 1,15) steht der programmatische Satz: »Das Reich Gottes ist nahe« (Einheitsübersetzung). In der Lutherübersetzung heißt es deutlicher: »Das Reich Gottes ist herbeigekommen.» Im Lukasevangelium (Lukas 17,21) findet sich der Vers: »Das Reich Gottes ist schon mitten unter euch (in eurer Mitte)«. Mit diesen Gedanken greift Jesus auf eine Tradition jüdischen Glaubens zurück, dass Gott durch sein Gesetz bereits jetzt die Welt regiert, wenn sich seine Herrschaft durch die Schuld der Menschen auch noch nicht hat vollständig durchsetzen können. Die Herrschaft Gottes ist also bereits gegenwärtig, wenn auch noch nicht für alle sichtbar.

Zum anderen ist für Jesus das Reich Gottes erst in der Zukunft zu erwarten. Die Gleichnisse und Bildworte etwa, die von der Wachsamkeit sprechen, sind Mahnungen, sich auf dieses Kommen des Reiches Gottes einzustellen und entsprechend zu leben. Auch die Vaterunserbitte »Dein Reich komme« (Matthäus 6,10 und Lukas 11,2) ist klar auf Zukunft ausgerichtet. Jesus war auch das eschatologische und apokalyptische Denken seiner Zeit nicht fremd, das Gottes Eingreifen für die bald bevorstehende Zukunft ausdrückte, bei dem es oft um einen Kampf zwischen Gut und Böse, um eine letzte Entscheidung und um Gottes unmittelbares Eingreifen in die Geschichte der Menschen geht (vgl. auch zur Botschaft Johannes des Täufers).

Wie lässt sich diese Spannung zwischen dem Reich Gottes als Gegenwart und als Zukunft lösen? Vielleicht dadurch, dass man das Reich Gottes nicht in der Weise versteht, dass es durch einen einmaligen Akt hereinbricht, sondern als dynamisches Geschehen, als Prozess des Heils, den Menschen auch zeitlich versetzt erfahren können. In Jesus hat das Reich Gottes bereits begonnen, in seinem Lehren und Handeln ist Gottes Herrschaft bereits angebrochen, in seiner Person zeichenhaft erkennbar (vgl. dazu den Abschnitt »Wunder und Zeichen«). Doch zugleich bedarf das Reich Gottes der Aneignung durch den Glauben der Menschen. Noch ist es klein wie der Same des Senfs. Doch es wächst und aus dem Senfkorn wird schon bald ein großer »Baum«. Jesus also ist vom Vertrauen geprägt, dass Gott mit ihm einen Prozess beginnt, der das zugesagte Heil allen zuteil werden lässt.

Man könnte allerdings fragen, ob sich Jesus nicht geirrt hat, wenn er das Heil als unmittelbar bevorstehend versteht. Ist seine Naherwartung nicht ebenso falsch gewesen wie die Naherwartung der ersten Christen (auch des Paulus), dass die Wiederkunft des

Auferstandenen unmittelbar bevorsteht? Christen warten seit zweitausend Jahren auf diese Wiederkunft – warum warten sie eigentlich noch und worauf warten sie? Wenn man jedoch das Reich Gottes als ein dynamisches Geschehen versteht, das zwar in Jesus begonnen hat, sich aber weiter entwickelt, dann wird die endgültige Verwirklichung dieses alle umfassenden Reiches zu einer Perspektive, die alle Menschen haben können, zu einem Horizont, in dem die Hoffnungen aller Menschen je neu eingebettet sind, zu einer mitwandernden Zukunft, die für alle Menschen gleich zu welcher Zeit und in welcher Kultur eine Ausrichtung ihres Lebens bewirken kann. Es geht nicht um eine zeitliche Fixierung der Naherwartung (gegen solche Spekulationen hat sich Jesus bereits gewandt), sondern um die existenzielle Bekehrung und Ausrichtung jedes Einzelnen auf diesen Kern der Botschaft Jesu, auf das Reich Gottes, das allen Heil von Gott schenken wird.

Ein weiterer Gedanke muss in diesem Zusammenhang noch kurz angesprochen werden, weil er für die glaubende Deutung Jesu als der Christus und Sohn Gottes eine Rolle gespielt hat: Viele im Judentum erwarteten das künftige Eingreifen Gottes dadurch, dass ein »Menschensohn« oder ein »Gesalbter Gottes« (hebräisch: »Messias«, griechisch: »Christus«) an diesem Prozess beteiligt ist. Auch Jesus hat vom Menschensohn in unterschiedlicher Weise gesprochen. Es ist nicht sicher festzulegen, ob er mit dem kommenden Menschensohn sich selber gemeint hat. Den Messias-Christus-Titel hat er selber nicht ausdrücklich gebraucht, wohl aber ist er von anderen Menschen an ihn herangetragen worden. Es bleibt zu prüfen, ob nicht bereits in Jesu Lehre und Wirken implizit, verborgen enthalten ist, was dieser Titel ausdrückt, also ob sich Jesus bereits als der verstanden hat, durch den Gott am Ende der Zeiten eingreift und die Wende der Weltgeschichte zum Heil bewirkt (s. im Kapitel: Jesus – Christus Gottes).

Zusammenfassend zur Botschaft Jesu kann man feststellen, dass Jesu Lehre aus jüdischen Traditionen erwachsen ist, die er in seinem Volk vorfand und die in unterschiedlicher Weise auch in den Schriften der Hebräischen Bibel (des Alten Testaments) aufzufinden sind. Jesus aber setzt bei all dem besondere Akzente. Er verstärkt Aussagen, stellt andere zurück und schafft so etwas Neues, ihm ganz Eigenes. Kern seiner Botschaft ist das Reich Gottes, verstanden als unbedingtes Heil für alle, auch und besonders für die Deklassierten und Armen und (als Perspektive) über Israel hinaus für die Menschen aller Völker. Jesus versteht das Reich Gottes als umfassende Gemeinschaft Gottes mit den Menschen, die in seiner Person bereits zeichenhaft angebrochen ist. Es handelt sich um eine Gemeinschaft, die mit dem Bild der Tischgemeinschaft (s. u.) treffend wiedergegeben werden kann. Dies macht Jesus durch viele Gleichnisse, aber auch durch sein eigenes Handeln in Wundern und Zeichen deutlich.

Die Gleichnisse Jesu

Das Lehren Jesu kennt viele Sprachformen. Es gibt Lehrgespräche, auch Streitgespräche, so wie sie in der rabbinischen Tradition als Gespräche zwischen Lehrer und Schülern, aber auch zwischen verschiedenen rabbinischen Schulen Brauch waren. Vor allem aber zeichnet sich das Reden Jesu durch Sprachformen aus, die bildhaft, metaphorisch, zeichenhaft auf das verweisen, was den Kern seiner Botschaft ausmacht, das Reich Gottes. Die Lehre Jesu ist voller Bildworte und Gleichnisse – ein charakteristischer Zug des Sprechens Jesu. Seine Lehre ist durch die Gleichnisse völlig anders als die Lehrreden anderer »Rabbis«. Durch sein bildhaftes Sprechen erreicht er auch einfache Menschen und macht sie durch die oft überraschenden Wendungen seiner Gleichnisse nachdenklich und offen für seine Botschaft.

Die Gleichnisse bilden den wesentlichen und größten Teil des Lehrens Jesu (bis etwa auf die durch die Redaktion der Evangelisten komponierten Reden Jesu, wie die Bergpredigt) und dies aus gutem Grund: Die Gleichnisse sind das »Geschichtenbuch«, das in bildhafter Sprache den sonst nicht beschreibbaren, menschliches Verständnis immer übersteigenden Gott ins Spiel bringt und mit alltäglichen Lebenssituationen von Menschen verknüpft. Gleichnisse und Bildworte sind die Form, wie man über Gott in einer metaphorischen Weise sprechen kann und wie man alltägliche Erfahrungen mit dem Glauben an Gott in eine Korrelation, in eine Wechselbeziehung, bringen kann.

In seinen Gleichnissen geht Jesus vom alltäglichen Leben der Menschen aus, vom Ackerbau und vom Haushalt einer Familie, von Festen und Gastmählern und vom Verhältnis der Menschen (Herren – Knechte) untereinander. Doch dieser Blick auf Alltägliches erhält bei Jesus eine andere Perspektive, seine Gleichnisse eröffnen neue Möglichkeiten, die Welt zu sehen und darin zu leben. Die Gleichnisse Jesu regen zum Nachdenken an, vor allem aber zu einer Überprüfung des eigenen Handelns – sie gehören in den Gesamtzusammenhang von Bekehrung und Umkehr.

Zentrales Thema der Gleichnisse aber ist das Reich Gottes, damit die Mitte der jesuanischen Botschaft. Das Königreich Gottes steht dem Menschen unverfügbar gegenüber, es kann ihm nur geschenkt werden. Deshalb kann er es auch sprachlich nur durch Formen bildhafter Rede erreichen. Angemessen kann man von Gott und vom Reich Gottes nur in metaphorischer Sprache reden. Bildworte und Gleichnisse sind deshalb unverzichtbar. (Es überrascht deshalb nicht, dass auch andere Religionsstifter, etwa Buddha, die Gleichnisrede gepflegt haben.)

Gleichnisse sind »Anstoßtexte«, die nicht eine Sache beschreiben, sondern beim Hörer etwas bewirken wollen. Man kann deshalb manches aus der Vorstellungswelt der Gleichnisse sachlich erklären (etwa die uns heute oft fremde Lebensweise), es geht aber letztlich darum, die Bilderwelt der Gleichnisse auf das eigene Leben wirken, sich durch die Gleichnisse in Frage stellen und verändern zu lassen. Gleichnisse haben eine kritisch-produktive Wirkung: Aus dem Vertrauen auf Gottes Barmherzigkeit können Menschen zu einer anderen Lebensweise kommen.

> Mit dem Himmelreich ist es wie mit einem Sauerteig, den eine Frau unter einen großen Trog Mehl mischte, bis das Ganze durchsäuert war.
>
> *Matthäus 13,33*

Im Einzelnen lässt sich das bildhafte Reden Jesu in verschiedene Textsorten aufteilen. Es gibt *Bildworte* als Einzelsätze (etwa Matthäus 12,33: »An den Früchten erkennt man den Baum« oder Matthäus 5,13 »Ihr seid das Salz der Erde«). Dies sind abgekürzte Vergleiche (etwa: »Mit den Menschen ist es wie mit Bäumen ... Sie können gute und schlechte Frucht bringen ...«). Es gibt die eigentlichen *Gleichnisse*, die an Alltägliches, Selbstverständliches und Immer-Wiederkehrendes anknüpfen, aber durch oft überraschende Wendungen zum Nachdenken anregen und neue Perspektiven aufzeigen. Wenn eine bildhafte Erzählung von oft unwahrscheinlichen Einzelfällen ausgeht, dann handelt es sich um eine *Parabel*, die zu einer Stellungnahme herausfordert (etwa die Erzählung vom reichen Bauern, Lukas 12,16-21). Eine *Beispielerzählung* wie die des barmherzigen Samariters (Lukas 10,30-35) führt einen konkreten Sachverhalt auf, der sofort ins eigene Leben übertragen werden kann.

Wenn Jesus Gleichnisse erzählt, wird durch sein bildhaftes Reden weit mehr deutlich, als sich aus seinen Worten ergibt. Er selber nämlich ist auch ein Gleichnis, das lebendige Gleichnis Gottes: In ihm wird Gottes Handeln an den Menschen sichtbar, in ihm wird Gott erfahrbar. Wer also mehr über Gott wissen will, kann und soll auf Jesus schauen, auf seine Art, mit Menschen, besonders den Armen, umzugehen, auf sein Bemühen, zeichenhaft in seinen Heilungen das Reich Gottes als Heil für die Menschen sichtbar werden zu lassen, auf sein vertrauensvolles Sprechen über Gott, auf seine Aufforderung, sich diesem barmherzigen Gott ohne Vorbehalt zu übergeben. Jesus ist das Gleichnis des guten Gottes – damit ist ein Ansatzpunkt gegeben, der in späteren christlichen Gemeinden zu einer Reflexion über Wesen und Bedeutung dieses Jesus führte und der zu einer Deutung Jesu als des Sohnes Gottes, des Christus und des Herrn einen entscheidenden Anstoß gab. Wiederum zeigt sich: Christen übernehmen die Lehre Jesu – sie erzählen u. a. auch seine Gleichnisse weiter. Zugleich aber verkündigen sich nicht allein seine Lehre, sondern auch den Lehrenden. Sie bekennen sich zu Jesus als dem Gleichnis Gottes in unserer Welt.

Wunder und Zeichen

Auch die Wunder und Zeichen Jesu, gleich wie sie im Einzelnen gedeutet werden müssen, sagen letztlich keinen anderen Gedanken aus, als dass Jesus als Gleichnis Gottes nicht allein in seinem Lehren, sondern auch in seinem Handeln widerspiegelt, wie Gott ist, und dass in ihm die umfassende Herrschaft Gottes (das Reich Gottes) bereits begonnen hat. Alle seine Wundertaten sind Ausdruck der Barmherzigkeit, Liebe und rettenden Macht Gottes, die zeichenhaft in einzelnen Handlungen Jesu sichtbar wird. Es geht bei den Wundern ebenso wie bei der Lehre Jesu um das Heil, das Gott den Menschen unbedingt zuspricht. Die Wunder sind ein Protest Gottes gegen menschliches Leid und das Aufzeigen einer alternativen heilen Lebensmöglichkeit, die in Jesus bereits anfanghaft begonnen hat.

Damit ist ein Schlüssel erreicht, der eine auch in heutiger Zeit verantwortete Stellung zu den Wundern Jesu ermöglicht. Es geht bei den Wundern Jesu nicht um einen Wundermann, der überirdische Kräfte und Fähigkeiten besitzt. Es geht auch nicht um ein Durchbrechen und Übersteigen der Naturgesetze, was lange bei der Diskussion über die Wunder Jesu im Vordergrund stand. Es geht noch nicht einmal um das einzelne Wunder und darum, ob es historisch glaubhaft ist oder nicht.

Es geht vielmehr bei den Wundern ebenso wie bei der Lehre grundsätzlich um die Person Jesu: In ihm wird Gottes heilschaffendes Handeln mit den Menschen sichtbar, in ihm geschieht eine Wende zum Heil – die Wunder drücken dies zeichenhaft aus. Dieses Verständnis der Wunder entbindet uns allerdings nicht, zu Detailfragen Stellung zu nehmen.

Unterschiedliche Arten von Wundern: Wenn wir an die Wunder Jesu denken, fallen uns Heilungen von Lahmen und Blinden, die Stillung des Seesturms, die Auferweckung von Toten (Lazarus, Jaïrustochter, Jüngling von Naïn), Brotvermehrung, Teufelsaustreibungen, Heilung von Aussätzigen, die Wandlung von Wasser in Wein, der Wandel auf dem See und anderes ein. Dies ergibt auf den ersten Blick ein Jesusbild, das alle naturwissenschaftlichen Regeln mit Leichtigkeit durchbricht: Dieser Jesus scheint ein Wundermann zu sein, für den die normalen Gesetze unserer Welt nicht gelten. Wenn das aber so ist, was hat er dann mit unserem Leben zu tun?

Man muss allerdings bei der Betrachtung der Wunder Jesu differenzieren, nur so ergibt sich ein Weg, seine Wunder richtig zu verstehen. Zuerst in den Blick fallen die verschiedenen *Heilungen*, die Jesus an Menschen vorgenommen hat, an Blinden und Lahmen, einer blutflüssigen Frau, an Aussätzigen. Diese Heilungen sind an manchen Stellen auch verbunden mit *Exorzismen*, mit dem Austreiben von Dämonen aus »besessenen« Menschen. Bei beidem geschieht ein Kampf gegen das Böse und das Leid; die »Macht Gottes«, in deren Namen Jesus auftritt, besiegt und überwindet die »Macht des Bösen«.

Die Quellenlage für solche Heilungen von Körper und Seele ist in den neutestamentlichen Schriften gut. Auch war in der Antike allgemein akzeptiert, dass Menschen solche Heilungen bewirken konnten. Die Heilungen selber erstaunen deshalb die Menschen im Umfeld Jesu nicht. Vielmehr wundern sie sich über die Tatsache, dass es ausgerechnet Jesus ist, ein Mann aus dem unbedeutenden Nazaret, der solche Wundertaten vollbringen kann. Dies führt zu der wiederholten Anfrage, aus welcher Vollmacht heraus er dies alles tun kann; es führt zur Frage, wer dieser Jesus ist und in welchem Namen er handelt. Dass heilende und befreiende Vorgänge geschehen sind, ist sowohl für die Menschen im Umfeld Jesu wie auch für die späteren neutestamentlichen Schriftsteller unbestritten. Auch in den Worten Jesu im Zusammenhang mit solchen Heilungswundern klingt an, dass es hier um eine Veränderung im Menschen geht: »Dein Glaube hat dir geholfen!« – das bedeutet: Angestoßen durch Jesus, ist aus dem Inneren der kranken Person heraus eine Wende erfolgt. Die Bindung an Jesus, den Propheten des Reiches Gottes, setzt Kräfte frei, die heilend, befreiend und wohltuend von der Barmherzigkeit Gottes künden.

Die Bibelwissenschaft ist sich heute weithin einig, dass Jesus solche Heilungswunder getan hat. Die Intention der neutestamentlichen Schriften, die diesen Aspekt des Lebens Jesu in breiter Weise aufgenommen haben, ist, aufzuzeigen, dass in diesem Jesus das Reich Gottes bereits zeichenhaft begonnen hat. In der von Matthäus (11, 4-5) und Lukas (7,21-23) zusammengefassten Deutung Jesu durch Worte des Propheten Jesaja machen sie deutlich: »Er hat alles gut gemacht!« (Markus 7,37). In Jesus handelt Gott selbst »mit seinem Finger«, in Jesus beginnt das Reich Gottes, in Jesus ist das »Reich des Bösen« anfanghaft überwunden.

> Blinde sehen wieder, und Lahme gehen; Aussätzige werden rein, und Taube hören; Toten stehen auf, und den Armen wird das Evangelium verkündet.
>
> *Matthäus 11,4-5*

Von anderer Gestalt als die *Heilungswunder* und die *Exorzismen* sind Gruppen von Wundern, die man als *Geschenkwunder, Rettungswunder,* und *Epiphanien* (Erscheinungen eines Gottes, einer göttlichen Macht) bezeichnet. Diese Wunder sind – oft vor dem Hintergrund von Modellen des Alten Testaments – aus einem nachösterlichen Blick gestaltet. Sie erinnern weniger an Historisches aus dem Leben Jesu, als dass sie Deutungen des Auferstandenen durch nachösterliche Gemeinden sind. Es geht bei diesen Texten also nicht um Biografisches aus dem Leben Jesu, sondern um Theologisches zur Deutung dieses Jesus, des Christus Gottes.

Die *Geschenkwunder* etwa (Wandlung von Wasser zu Wein bei der Hochzeit von Kana, der reiche Fischfang, vor allem aber die unterschiedlichen Berichte über die große Speisung [»Brotvermehrung«]) zeigen auf, dass in diesem Jesus Überfluss für alle da ist. Gegen die Erfahrung materieller Not, die viele Menschen in Israel und in allen Völkern bis in unsere Zeit machen mussten und müssen, steht das Bekenntnis der ersten christlichen Gemeinden: Mit diesem Jesus beginnt die Zeit der Fülle, die Menschen im Königreich Gottes erfahren können. Solche nachösterlichen, bekennenden Erzählungen sind sicher auf dem historischen Hintergrund der Tischgemeinschaft Jesu mit Menschen aller Gruppen, auch der Armen und der Sünder, geschaffen worden (s. u.). Sie stellen Bekenntnis zum Auferstandenen und Hoffnung zugleich dar – die Hoffnung, dass bei der Vollendung des Reiches Gottes diese Fülle allen geschenkt wird.

In ähnlicher Weise lassen sich auch die beiden *Rettungswunder* einordnen (Stillung des Sturms und Seewandel mit der Rettung des Petrus). Hier geht es um das Eingreifen einer göttlichen Macht in das bedrohte Leben von Menschen. Erst nach Ostern konnten die Jünger und die ersten christlichen Gemeinden aus ihrer nun neuen Deutung dieses Jesus heraus dazu kommen, dem Auferstandenen göttliche

Macht zuzusprechen. Auf dem See erscheint Jesus also als Sohn Gottes, mit göttlicher Kraft versehen und zur Rettung der Menschen bereit. Auch hier geht es nicht um historisches Erzählen von Fakten aus dem Leben Jesu, sondern um eine spätere Deutung der Gestalt Jesu aus nachösterlicher Sicht. Es geht um das Bekenntnis zum Herrn, der als Sohn und Gesalbter (Christus) Gottes Macht über alles hat.

Auch die *Epiphanien* sind österliche Geschichten. Meist geht es in ihnen ja auch um Erscheinungen des Auferstandenen, die in narrativer Form das Bekenntnis zum von Gott nicht im Tod Gelassenen ausdrücken (vgl. das Kapitel: Jesus – Erfahrung eines Lebenden). Eine Epiphanieerzählung ist allerdings in das Leben Jesu zurückverlegt worden: die Erzählung von der Verklärung Jesu auf dem Berg Tabor. Sie zeigt Jesus in einem himmlischen Lichterglanz als bereits Auferweckten und zu Gott Erhöhten.

Zusammenfassend kann man nach dieser kurzen Darstellung der Wunder Jesu sagen: Es darf als historisch erwiesen gelten, dass Jesus Heilungswunder und Exorzismen gewirkt hat. Diese Wunder sind ein Protest gegen das Leid von Menschen und zugleich Zeichen, dass das Reich Gottes eine Wende im Leben von Menschen bringt und bereits mit Jesus und seinem Handeln beginnt. Andere Wundererzählungen wie die Geschenk-, Rettungs- und Epiphaniewunder sind dagegen glaubende und deutende Dichtung der ersten christlichen Gemeinden, die ihre Erfahrungen mit Jesus als dem Lebenden in narrativer Form verkünden wollten und deshalb Jesus bereits in seinem irdischen Leben als den göttlich Erhöhten darstellten. Beide Textsorten, die geschichtliche Erinnerung an das Wirken Jesu und die deutende Dichtung der

Urgemeinden, stimmen aber darin überein, dass sie Jesus als den schildern, mit dessen Handeln das Reich Gottes anfanghaft unter den Menschen anwesend ist.

Tischgemeinschaft mit Jesus

Das Lehren Jesu, besonders in seinen Gleichnissen, und sein Handeln in Zeichen und Wundern stimmen darin überein, dass es bei beidem um den Beginn der Herrschaft Gottes, um den Anfang des Reiches Gottes mitten in unserer Welt geht. Das ist die gute Nachricht, das Evangelium, das Jesus in Wort und Tat verkündet: Mit ihm beginnt eine neue Zeit, eine Zeit, in der Gott sein Heil den Menschen ohne Unterschied schenkt, in der Leid und Böses grundsätzlich überwunden sind, in der eine neue Gemeinschaft zwischen Gott und den Menschen möglich wird.

Diese Botschaft verwirklichte Jesus noch in einem wichtigen anderen Aspekt seines Lebens: in seiner Tischgemeinschaft mit Menschen aller Gruppen und Schichten, in seiner Einladung an alle, auch an die Sünder und moralisch und sozial Deklassierten, zur Gemeinschaft mit ihm zu kommen: »Kommt alle zu mir, die ihr euch plagt und schwere Lasten zu tragen habt« (Matthäus 11,28). Die Gemeinschaft mit Jesus ist Heilsgemeinschaft. In der Tischgemeinschaft mit Jesus erfahren die Jünger, aber auch andere Menschen, bereits anfanghaft die endzeitliche Zuwendung und Gemeinschaft Gottes.

Die verschiedenen Überlieferungen von Gastmählern Jesu mit Sündern und Zöllnern verweisen auf ein wesentliches Element des Handelns Jesu, das historisch verbürgt ist. Sein Essen mit denen, die aus physischen, moralischen oder sozialen Gründen unrein waren und normalerweise nicht dazu gehörten, erregte erhebliches Aufsehen. Jesus aber macht mit dieser Tischgemeinschaft in Art einer prophetischen Zeichenhandlung auf einen Aspekt aufmerksam, der das Reich Gottes wesentlich bestimmt: Gottes Erbarmen wendet sich allen zu, niemand ist davon ausgeschlossen. Noch nicht einmal eine Bekehrung und Lebenswende ist vorab nötig, die Tischgemeinschaft, also das Handeln Jesu und Gottes, stehen voraussetzungslos am Beginn. Daraus kann dann eine Veränderung des Lebens erwachsen (wie etwa bei Zachäus), doch ist die Bekehrung hier keine Voraussetzung für das Heil. Unverdiente Gnade – das ist das Geschenk Gottes an den Menschen.

> Da sagten die Pharisäer: »Wie könnt ihr zusammen mit Zöllnern und Sündern essen und trinken?« Jesus antwortete ihnen: »Nicht die Gesunden brauchen den Arzt, sondern die Kranken.«
>
> *Lukas 5,30-31*

Die Erinnerung an Jesu Tischgemeinschaft bewirkte in der nachösterlichen Gemeinde die Erzählung von der »Brotvermehrung« (der großen Speisung). Jesus ist hier der Gastgeber, der die Menschen als Prophet Gottes zusammenführt und zeichenhaft bereits die Tischgemeinschaft Gottes mit den Menschen Wirklichkeit werden lässt. Hier ist das neue Israel, das neue Volk Gottes, bereits sichtbar, hier ist die Endzeit bereits angebrochen.

Auch das Abendmahl, das Abschiedsmahl Jesu mit seinen Jüngern am Abend vor seinem Tod, ist neben anderen Gedanken (Deutung seines Todes ..., s. u.) ein Hinweis auf die eschatologische Tischgemeinschaft Gottes mit den Menschen, ist Vorwegnahme »künftiger Herrlichkeit«. Dies klingt erst recht in der Tischgemeinschaft des Auferstandenen mit seinen Jüngern an, etwa in der Emmauserzählung (Lukas 24, 30) oder im Mahl mit den Jüngern in Galiläa (Johannes 21,13). Die irdische Tischgemeinschaft wird vom Auferstandenen fortgesetzt und so gleichsam zu einem Kennzeichen seines Wirkens gemacht. Die Einladung Gottes an die Menschen bleibt bestehen, ja gelangt durch den Gekreuzigten und Auferstandenen erst recht zu ihrer heilbringenden Gestalt. Die Lebenspraxis Jesu in seinem irdischen Leben ist nichts anderes als die Praxis des Reiches Gottes, schafft unbedingte Gemeinschaft mit Gott und auch untereinander.

Dass das christliche Abendmahl, die Feier der Eucharistie, die innere Mitte der christlichen Gemeinden geworden ist, kann sich somit auf die vor- und die nachösterliche Praxis Jesu berufen: Im gemeinsamen Mahl begegnet Gottes Barmherzigkeit, wird Jesus als der Lebende erfahrbar, entsteht eine neue Gemeinschaft von Menschen, die den Herrn als den Auferstandenen und Maßgebenden ihres Lebens bekennen: »Gott aber hat Jesus von Nazaret am dritten Tag auferweckt und hat ihn erscheinen lassen ... uns, die wir mit ihm nach seiner Auferstehung von den Toten gegessen und getrunken haben« (Apostelgeschichte 10,40-41).

Was Wort und Tat Jesu ausmacht

Eines Tages kam einer,
der hatte einen Zauber in seiner Stimme,
eine Wärme in seinen Worten,
einen Charme in seiner Botschaft.

Eines Tages kam einer,
der hatte eine Freude in seinen Augen,
eine Freiheit in seinem Handeln,
eine Zukunft in seinen Zeichen.

Eines Tages kam einer,
der hatte eine Hoffnung in seinen Wundern,
eine Kraft in seinem Wesen,
eine Offenheit in seinem Herzen.

Eines Tages kam einer,
der hatte eine Liebe in seinen Gesten,
eine Güte in seinen Küssen,
eine Brüderlichkeit in seinen Umarmungen.

Eines Tages kam einer,
der hatte einen Geist in seinen Taten,
eine Treue in seinem Leiden,
einen Sinn in seinem Sterben.

Eines Tages kam einer,
der hatte einen Schatz in seinem Himmel,
ein Leben in seinem Tode,
eine Auferstehung in seinem Grabe.

Text: Alois Albrecht

Musik: Peter Janssens

Jesus – Märtyrer für das Reich Gottes

Die Lebenspraxis Jesu einer Zuwendung zu allen und einer Tischgemeinschaft mit allen ebenso wie seine Botschaft eines den Menschen in unbedingter Barmherzigkeit zugewandten Gottes stellte die Menschen, die ihm begegneten, vor die Entscheidung von Zustimmung oder Ablehnung, von Nachfolge oder Widerstand gegen Jesus. Dies spitzte sich dann zu, als Jesus zum Paschafest nach Jerusalem zog und dort mit seiner Lehre, aber auch mit Zeichenhandlungen wie dem Einzug oder der Tempelreinigung, Aufsehen erregte.

Mit dem Weg nach Jerusalem war nicht unbedingt notwendig, aber doch als Möglichkeit Verfolgung und Tod verbunden. Jesus musste diese Gefahr gekannt haben. Wenn auch die Leidensvorhersagen der synoptischen Evangelien nachösterliche Prägungen der Urgemeinde sind, die das Geschehen aus ihrer weiteren Sicht zu deuten versuchte, so kann man nicht bestreiten, dass Jesus – und in geringerem Maß auch den mit ihm ziehenden Jüngerinnen und Jüngern – der Ernst der Lage bewusst gewesen sein musste.

Hier in Jerusalem, dem Zentrum jüdischen Glaubens, musste sich alles entscheiden. Hier, an der zentralen Stelle, musste sich die »Stimmigkeit« der Botschaft Jesu und seines Lebens erweisen. Hier war der Ort, wo der eschatologische Neubeginn des Volkes Israels zu erwarten war, hier stand auch für Jesus alles auf dem Spiel.

Sein Leidensweg zum Kreuz erschien dabei nicht nur seinen Gegnern als grundsätzliches Scheitern seiner Botschaft und seiner Lebenspraxis. Auch seine

Jünger resignierten, ja verzweifelten geradezu: Alles, was sie erhofft hatten, war zerschlagen, Jesus, die innere Mitte ihres Kreises, war nicht mehr. Erst in einem allmählichen Prozess erfuhren sie den Gekreuzigten als den Lebenden, den in seiner Botschaft und in seinem Handeln von Gott Bestätigten, den Auferweckten, der in neuer Weise die innere Mitte des Jüngerkreises bildete.

Aus solcher Erfahrung heraus sind die Leidensgeschichten der Evangelien geschrieben worden. Obwohl sich – wie zu zeigen sein wird – in ihnen sehr viel an historischen Fakten verbirgt, sind sie dennoch keine biografischen Berichte, sondern als nachösterliche Bekenntnisse christlicher Gemeinden immer schon gedeuteter Glaube. In den Leidensgeschichten ebenso wie in den anderen Texten der Evangelien wollen die neutestamentlichen Schriftsteller (und die hinter ihnen stehenden Gemeinden) weniger berichten, *was* geschehen ist, als *warum* dies so geschehen ist. Sie wollen Deutungen geben und den Gekreuzigten als den Lebenden, den Christus Gottes in ihrer Mitte bekennen. Dies soll im Folgenden an einzelnen Stücken der Leidensgeschichte Jesu deutlicher werden.

Einzug und Tempelreinigung

Jesus verkündete seine Botschaft nicht allein mit Worten, mit bildhaften Reden und Gleichnissen. Immer wieder knüpfte er an die prophetische Linie von Zeichenhandlungen an, um wesentliche Züge seiner Verkündigung auszudrücken. Dies ist auch und in besonderer Zuspitzung am Ende seines Lebens in Jerusalem aufzuzeigen.

Einzug: Von Osten (Betanien) her kommend erreicht Jesus Jerusalem. Er reitet auf einem jungen Esel; in der prophetischen Tradition ist dies das königliche Reittier des Messias. Mit ihm ziehen viele Menschen, wahrscheinlich galiläische Festpilger, die Jesus von seinem Wirken in Galiläa kennen (der Ölberg ist bekannt als Wohnstätte galiläischer Pilger während der Festtage), wohl kaum Bewohner von Jerusalem. Sie huldigen ihm wie einem König dadurch, dass sie Kleider und Palmzweige auf dem Boden ausbreiten (vgl. Psalm 118,26). Auch ihr Lobruf »Hosanna« (»Gott möge Hilfe gewähren«) verweist auf ihre Zuversicht, dass in diesem Jesus der messianische König gekommen ist. Allerdings wird mit der Nennung Davids eine Form messianischer Hoffnung aufgegriffen, die leicht als politische Forderung nach einem neuen Reich Israels missverstanden werden kann.

> Hosanna! Gesegnet sei er, der kommt im Namen des Herrn! Gesegnet sei das Reich unseres Vaters David, das nun kommt.
> *Markus 11,9-10*

In diesem Text (Markus 11,1-11 und Parallelen) klingt natürlich eine nachösterliche Deutung der Person Jesu mit, die ihn als den königlichen Messias versteht. Jesus selbst wird sich kaum in dieser Weise verstanden haben – zu oft wendet er sich gegen eine solche Deutung. Dennoch setzt er in prophetischer Tradition ein Zeichen, um auf die Königsherrschaft *Gottes* aufmerksam zu machen. Dieses Zeichen wurde von Anhängern wie von Gegnern weniger mit seiner Botschaft als mit seiner Person in Verbindung gebracht – der Vorwurf in seinem Prozess, er bezeichne sich als »König der Juden«, kann hier eine Grundlage haben. Die Gestalt Jesu fordert zur Stellungnahme heraus – positiv wie negativ.

Es folgt ein weiteres Zeichen, das für Jesus noch deutlicher auf das Anbrechen der Gottesherrschaft hindeutet und zur Entscheidung aufruft: die *»Tempelreinigung«* (vgl. Markus 11,15-19 und Parallelen). Mit der Zeichenhandlung im Tempel müssen auch tempelkritische Worte Jesu und Prophezeiungen über das Ende des Tempels in einen Zusammenhang gebracht werden. Es handelte sich wohl um eine begrenzte, symbolische Aktion im äußeren Hof des Tempels (Vorhof der Heiden); bei einer aufruhrartigen Vertreibung sämtlicher Händler hätte sofort die Tempelwache eingegriffen. Es geht also um eine prophetische Demonstration, mit der Jesus zum einen Tempelkritik ausdrückt und zum anderen die endzeitliche Sammlung Israels als Volk Gottes verdeutlichen will.

Solche Zeichenhandlungen mussten den erbitterten Widerstand der Jerusalemer Aristokratie, vor allem der mit dem Tempel verbundenen Sadduzäerklasse hervorrufen. Jede Tempelkritik bedeutete für sie wirtschaftliche Einbußen und zugleich auch eine Infragestellung ihres Standes und ihrer Werte, die den Tempel als geistige, soziale und politische Mitte des Volkes verstanden. Wer den Tempel angreift, wie Jesus es tut, muss deshalb ein Feind des Volkes sein. Der weitere Ablauf von Festnahme und Tötung Jesu ist nun gleichsam vorprogrammiert.

Doch vorab, am Abend der Nacht, in der er verraten wurde, feierte Jesus ein Abschiedsmahl mit zwölf seiner Jünger.

Das Abendmahl

Das Abendmahl wird von den synoptischen Evangelien (Markus 14,22ff, Matthäus 26,26ff, Lukas 22,15ff) und von Paulus (1. Korinther 11,23ff) berichtet. Ferner erwähnt Johannes (13,1ff) das Abendmahl, setzt aber mit dem Bericht der Fußwaschung eigene Akzente. Auch muss die eucharistische Rede von Johannes 6 in einen Bezug zum Abendmahl gebracht werden und ebenso weitere paulinische Texte, etwa 1. Korinther 10,14ff.

Aus diesen Texten und ihrer Einbettung in das Gesamt neutestamentlicher Schriften ergeben sich unterschiedliche Linien einer Deutung des Abendmahls.

Paschamahl oder Mahl am Abend vor dem Pascha: Auf den ersten Blick deutet manches darauf hin, dass Jesu Abschiedsmahl mit den Jüngern ein Paschamahl gewesen ist. Die synoptische Evangelientradition benennt dies auch ausdrücklich. Durch einen Bezug von Abendmahl und Pascha ergeben sich gute Deutungsmöglichkeiten: Das Abendmahl ist das Bundesmahl des neuen Bundes, wie das erste Pascha das Bundesmahl des alten Bundes ist. Im Pascha wie im Abendmahl wird demnach das Gottesvolk zusammengeführt.

Johannes fügt das Abschiedsmahl Jesu in eine andere Chronologie ein: Nach ihm fand das Abendmahl am Tag vor dem Pascha, am Rüsttag zum Pascha, statt. Für diese Chronologie finden sich auch vielfältige Hinweise in synoptischen Texten (etwa: eine Gerichtsverhandlung des Hohen Rates ist am Pascha selbst undenkbar). Doch auch mit dieser zeitlichen Einordnung lassen sich die Gedanken des Pascha mit Jesus verbinden: Er ist das am Rüsttag von Pascha geschlachtete Lamm Gottes, dessen Blut das neue Volk Gottes zusammenführt.

Es ist aus vielen Gründen anzunehmen, dass Jesus mit seinen Jüngern zwar zum Pascha nach Jerusalem gezogen ist, dass er aber bereits am Tag vor dem

Pascha gefangen genommen und hingerichtet wurde (vgl. auch Seite 17). Dann wäre das Abendmahl ein *Abschiedsmahl* gewesen, das »unter dem Horizont« des Pascha erfolgte. Die theologischen Linien des Pascha lassen sich also dennoch sowohl mit dem Mahl wie auch mit dem Leidensweg Jesu verbinden. Die Synoptiker gaben dieser inneren Verbindung dann dadurch auch äußeren Ausdruck, dass sie ihre Datierung des letzten Tages Jesu auf den Paschatag umstellten.

Vom Abschiedsmahl Jesu mit seinen Jüngern her lässt sich nun eine Deutung des Abendmahls vornehmen: Jesus hat am Abend vor seinem bevorstehenden Tod, mit dem er nach allem rechnen musste, an seine bisherige Praxis der Tischgemeinschaft angeknüpft, zugleich aber auch eine weitere Zeichenhandlung vorgenommen. Nur die zwölf engsten männlichen Jünger nahmen teil – das Abendmahl sollte die im Reich Gottes erfolgende Wiederherstellung der zwölf Stämme Israels ausdrücken. Als Ersatz für den – nach Meinung Jesu pervertierten – Tempelkult macht ein einfaches Mahl die Gemeinschaft Gottes mit allen, auch den bisher Ausgegrenzten, deutlich: Das *endzeitliche Heil* wird im Bild der Tischgemeinschaft vorweggenommen und dargestellt.

Dabei kann dieses Mahl bereits auf den bevorstehenden Tod Jesu gedeutet worden sein. Die Lebenspraxis Jesu der unbedingten Hingabe für die Menschen findet in seinem Tod ihren Höhepunkt und ihre Bestätigung und wird zugleich im Mahl bereits im Zeichen repräsentiert: der wie Brot zerbrochene Leib, der wie Blut vergossene Wein. Es erscheint möglich, dass Jesus seinen Tod als letzten und äußersten Dienst an seiner Botschaft vom Heil Gottes für die Menschen verstanden hat. Jesus bleibt seinem Auftrag bis zur letzten Konsequenz treu. Er nimmt seinen Tod »freiwillig« auf sich, ein Zurückweichen (etwa durch eine mögliche Flucht) wäre für ihn mit dem Aufgeben seiner Botschaft vom heilschaffenden Gott identisch.

Diese Deutung stimmt auch überein mit der johanneischen Version des Abschiedsmahls, bei dem die Fußwaschung einen eigenen Akzent setzt. Die in der Mahlgemeinschaft sich zeigende Liebesgemeinschaft ist Ergebnis und Fortführung der Zuwendung Gottes zu den Menschen. Diese Liebesgemeinschaft ist letztlich auch stärker als der Tod – Jesus bleibt in der Liebe der Jünger und in der Gemeinschaft des Mahls gegenwärtig – eine Verheißung, die über seinen Tod hinaus gilt und die von den eucharistischen Traditionen der Christen aufgegriffen wurde.

Im Abendmahl Jesu werden also Botschaft (Heil für alle von Gott her) und Lebenspraxis Jesu (Tischgemeinschaft mit allen) fortgeführt und fokussiert. Zugleich wird dieses Mahl als Abschiedsmahl gefeiert, erhält eine Beziehung zum beginnenden Leidensweg Jesu und damit eine Deutung, die in letzter Konsequenz über den Tod Jesu hinausführt. Es ergibt sich deshalb bereits von hier aus, dass sich aus diesem Abschiedsmahl Jesu die zentrale Feier christlicher Gemeinden entwickelt hat. Abendmahlsfeier bzw. Eucharistie ergeben sich aus dem Gesamt der Botschaft und des Handelns Jesu, sind aber darüber hinaus durch den Tod Jesu noch tiefer mit ihm verbunden: Jesus ist nicht nur der »Stifter« der eucharistischen Tradition der Christen, sondern ihre innere Mitte. Wieder einmal wird aus dem Verkünder der Verkündete, aus dem Propheten der Botschaft vom Reich Gottes der Christus, der Gesalbte Gottes, in dem das Reich Gottes beginnt.

Leidensweg und Kreuzigung

Der Weg Jesu zum Kreuz, sein Leiden, Sterben und seine Auferweckung sind nicht allein das Zentrum christlicher Verkündigung, sondern bilden bereits die zentralen Stücke der Evangelien. Man hat zum Beispiel das Markusevangelium als »Leidensgeschichte mit vorgeschaltetem Blick auf das Leben Jesu« bezeichnet, um diese Kernaussage der Evangelien zu betonen.

Auch die Wirkungsgeschichte der Texte vom Leiden und Sterben Jesu ist von hoher Bedeutung. Dies nicht allein deshalb, weil Christen Jesus auf seinem Leidensweg als Beispiel auch für eigenes Leiden und für ein vorbildhaftes Verhalten bei eigenem Martyrium angesehen haben, sondern ebenso im Blick auf das Gespräch oder besser Nichtgespräch zwischen Christen und Juden. Der Vorwurf, »*die* Juden« haben *unseren* Christus getötet, hat zu unfassbarem Leid und zu einer Verfolgungsgeschichte der Juden vieler Zeiten geführt. Dabei wurde vergessen, dass nicht allein Jesus, sondern auch seine Jüngerinnen und Jünger und damit die Jüngergemeinschaft der ersten christlichen Gemeinden Juden waren und sich christlicher Glaube ohne Bezug auf den Glauben der Juden (»der älteren Brüder«) nicht verstehen lässt.

Es ist deshalb unerlässlich, den Leidensweg Jesu und seine Kreuzigung genauer zu betrachten und sich die Frage zu stellen, was da wirklich geschehen ist. So sollen hier Fakten zum Leiden und Sterben Jesu an erster Stelle eingebracht werden. Was ist geschehen und mit welcher Begründung ist es geschehen? Erst danach ist ein Raum eröffnet, in dem christliche Deutungen des Todes Jesu ihren Platz finden können: Wie ist dieses Geschehen für uns zu verstehen?

Das Geschehen: Ein erster Blick auf die Leidensgeschichten der Evangelien lässt ein Zusammenwirken verschiedener Personen bei der Hinrichtung Jesu erkennen: Das Synhedrium, der Hohe Rat der Juden, die römische Besatzungsmacht und das Volk spielen eine, wenn auch unterschiedliche Rolle. Nach den Evangelisten scheint die Römer die geringste Schuld am Tod Jesu zu treffen, nur widerwillig und unter Druck der jüdischen Volksmenge lässt sich Pilatus auf eine Verurteilung Jesu ein. Bei Markus gelangt der römische Hauptmann durch den Tod Jesu sogar zum Glauben an Jesus als den Sohn Gottes. Nach Meinung der Evangelisten tragen die Führer der Juden ebenso wie das jüdische Volk die Hauptschuld, die Römer werden nur als eher unbedeutende ausführende Organe dargestellt.

Diese Deutung der Evangelien ist zu einer Zeit entstanden, als sich christliche Missionare an vielen Stellen des Römischen Reiches den Heiden zuwandten. Die christlichen Gemeinden hatten sich zunehmend von den Juden abgesetzt, nach der Zerstörung des Jerusalemer Tempels im Jahr 70 gab es zudem eine wachsende Auseinandersetzung mit pharisäischen Rabbis – Juden und Christen gingen nicht nur auseinander, sondern verstanden sich zunehmend als Gegensätze. Deshalb gibt es eine Tendenz in den neutestamentlichen Schriften, die Römer zu entlasten und in der Folge dafür die Juden und ihre Führer zu belasten: Sie tragen die hauptsächliche, wenn nicht sogar alleinige Schuld am Tod Jesu. Diese Tendenz hat in der Geschichte von Juden und Christen verheerende Auswirkungen gehabt.

Wenn man jedoch versucht, zwischen dem historischen Geschehen und den (nachösterlichen) Deutungen der ersten Gemeinden genauer zu differenzieren, ergibt sich ein anderes Bild, das den Ablauf der Ereignisse und den Anteil von Römern und Juden präziser benennt.

Die *Römer* behielten sich in den von ihnen besetzten Gebieten eindeutig das »jus gladii«, das Recht auf Todesurteil und Vollstreckung dieses Urteils, vor. Auch die Art des Todes Jesu, die Hinrichtung am Kreuz, verweist wesentlich auf die Römer; die Kreuzigung war in dieser Zeit *die* römische Strafe für Sklaven und Aufrührer. Im Judentum dagegen war vor allem die Steinigung üblich. Sie wurde vielleicht von den Römern innerhalb des Tempels bei besonderen Fällen (vgl. etwa die Steinigung des Stephanus) geduldet. Auch das Verfahren vor Pilatus lässt mit Richterstuhl, formellem Urteil und der am Kreuz angebrachten Begründung des Urteils (»König der Juden«) auf die Rechtspraxis der Römer schließen.

Die Römer gingen gegen Jesus vor, weil sie aus dem, was ihnen von den jüdischen Führern über Jesus berichtet wurde, schließen mussten, dass es sich bei diesem Mann aus Galiläa wieder einmal um einen Aufrührer handelte, der nicht nur innerhalb seines Volkes Unruhe stiftete, sondern sich mit dem wie auch immer zu verstehenden Königstitel gegen den römischen Kaiser und seine Macht über Israel stellte. Dass Jesus von der Königsherrschaft Gottes gesprochen, dass manche im Volk in ihm den neuen König Israels sahen (vgl. etwa den Einzug in Jerusalem), hat sicher zu diesem Urteil beigetragen. Jesus verstand sich als Messias, als gottgesandter Prophet, aber keineswegs als Messias in der Linie des Königs David. Er wollte kein politisches Reich aufbauen, sondern die Königsherrschaft Gottes verkünden und in seinem Wirken anfanghaft beginnen lassen. Dass die in religiösen Fragen eher unbedarften Römer dies nicht verstehen konnten, ist leicht einzusehen. Für sie hatte die Person Jesu mit Politik in einer ihrer Provinzen, nicht mit der Religion eines fremden Volkes zu tun.

Zudem war Pilatus, der römische Statthalter, allen Berichten nach ein äußerst brutaler Mensch, der die Juden verachtete und dem Leben eines jüdischen Mannes aus der Provinz wohl kaum irgendeine Bedeutung zugemessen hat. Er wird sich nicht lange mit den Vorwürfen abgegeben haben, die die Spitzen der Jerusalemer Tempelaristokratie gegen Jesus vorbrachten. Durch eine Hinrichtung konnte man schnell wieder Ruhe bewirken, die angesichts des bevorstehenden Paschafestes und der damit verbundenen Unruhe im Volk (Messiaserwartungen) äußerst nötig war.

Die Hauptschuld an der Hinrichtung Jesu trägt demnach eindeutig die römische Besatzungsmacht unter der Leitung des Pontius Pilatus. Dennoch ist die Rolle der jüdischen Führung nicht unbedeutend. Sie nämlich liefert Jesus an die Römer aus und setzt damit bewusst einen Prozess in Gang, der zum Tod Jesu führte. Dies ist verbunden mit einem Verfahren vor dem *Hohen Rat*, dem Synhedrium, das vor der Verurteilung durch Pilatus gleichsam eine erste Instanz gewesen ist. Das Synhedrium ist verantwortlich für die Festnahme Jesu, für ein Verhör (oder mehrere), für die Überstellung des Gefangenen an die Römer und die Anklage als Unruhestifter mit dem Antrag auf Hinrichtung.

Was war das Anliegen der Mitglieder des Hohen Rates, womit begründeten sie ihr Vorgehen gegen Jesus? Die Evangelien berichten darüber nicht einheitlich, es gibt unterschiedliche Vorwürfe gegen ihn, ein ganzes Bündel von Gründen:

- Wesentlich ist sicher seine Tempelkritik in Wort (Prophezeiungen gegen den Tempel) und Tat (Tempelreinigung). Damit konnte sich die Jerusalemer Oberschicht direkt angegriffen fühlen, denn vom Tempel lebten sie nicht nur in wirtschaftlicher Hinsicht, sondern der Tempel war auch die innere, spirituelle Mitte ihrer Auffassung von jüdischer Religion. Jeder, der sich gegen den Tempel wandte, wandte sich damit gegen das »Herzstück« jüdischen Glaubens. Die Tempelkritik war ein ausreichender Grund für die Feindschaft dieser Kreise gegenüber Jesus, allerdings konnte daraus noch kein Todesurteil erwachsen. Auch andere im Volk nämlich (Johannes der Täufer, die Essener und in gewissem Maß auch die Pharisäer) äußerten Kritik an der Tempelpraxis und den Opfern im Tempel. Jesus steht hier durchaus in einer im Judentum bekannten prophetischen Tradition.
- Aus manchen Hinweisen klingt der Vorwuf der falschen Prophetie und der Verführung des Volkes an. Zudem antwortet Jesus nicht auf die Fragen des Hohenpriesters – er fühlt sich nur Gott gegenüber verantwortlich, nicht den Verantwortlichen des Jerusalemer Tempels. Das aber steht nach Meinung des Synhedriums gegen eine Richtschnur von Deuteronomium 17,12: »Ein Mann aber, der so vermessen ist, auf den Priester, der dort steht, um vor dem Herrn, deinem Gott, Dienst zu tun, ... nicht zu hören, dieser Mann soll sterben. Du sollst das Böse aus Israel wegschaffen.« Hier liegt ein möglicher Grund auch für ein Todesurteil – zumindest aus jüdisch-tempelaristokratischer Sicht.
- Ein Messiasanspruch Jesu muss nicht unbedingt zu einer Verurteilung führen – zumindest nicht aus jüdischer Sicht. Dies kann höchstens der Fall sein,

wenn sich jemand mit einem solchen Anspruch göttliche Macht zuspricht und damit aus orthodoxer jüdischer Sicht gegen Gott stellt. Wieweit Jesus ein solches Denken durch seinen Umgang mit den Menschen (Stichwort Sündenvergebung) provoziert hat, kann nicht sicher gesagt werden.

Aus all dem ergeben sich verschiedene Gründe, die im Synhedrium eine Rolle gespielt haben. Wahrscheinlich war man sich in der Feindschaft zu Jesus einig, konnte sich aber über die Begründung einer Verurteilung nicht einig werden. Deshalb ergab sich als günstigste Lösung, das Problem auf die Römer abzuschieben. Es war zu erwarten, dass diese kurzen Prozess mit jedem machen würden, der auch nur in den Verdacht geriet, Aufruhr im Volk zu stiften.

Was aber war mit dem *jüdischen Volk*, das beim Einzug in Jerusalem noch Hosanna rief, ein paar Tage später aber »Kreuzige ihn!«? Um jede antijüdische Vereinnahmung der Leidensgeschichte Jesu zu vermeiden, muss hier sehr differenziert geurteilt werden. Wir hatten schon darauf hingewiesen, dass beim Einzug Jesu in Jerusalem wahrscheinlich galiläische Festpilger mit ihren Lobrufen beteiligt waren, also gleichsam eine Art »Hausmacht Jesu«, Menschen zumindest, die ihn kannten. Was die Volksmenge vor Pilatus angeht, so muss zum einen der literarische Charakter dieser Erzählungen beachtet werden, zum anderen wird in den Texten selber darauf hingewiesen, dass die Menge von den Hohenpriestern aufgewiegelt wurde (etwa Markus 15,11). Zudem dürfte es sich um eine kleinere Gruppe von Bewohnern Jerusalems gehandelt haben, die die Feindschaft ihrer führenden Kreise gegen Jesus teilten. Keineswegs aber stellte sich »*das* Volk der Juden« gegen Jesus.

Deutungen des Todes Jesu: Die Leidensgeschichten der Evangelien gehen unabhängig von der Redaktion der Evangelisten und der jeweiligen Tendenzen der Evangelien auf sehr frühe Traditionen zurück. Wahrscheinlich waren schon wenige Jahre nach dem Tod Jesu erste schriftliche, zumindest aber mündliche Fassungen entstanden – weit vor anderen Texten, die die Evangelisten später in ihre Evangelien aufnahmen. Diese ersten Versionen der Leidensgeschichte standen im Zusammenhang mit dem notwendigen Bemühen der ersten christlichen Gemeinden, dem unfassbaren Geschehen der Hinrichtung Jesu einen Sinn zu geben. So vermischt sich in diesen Texten historische Erinnerung (die »Augenzeugen« lebten ja noch mitten in den Gemeinden) und zugleich erste deutende Versuche, das Unfassbare und »Unsinnige« als sinnvolles Eingreifen Gottes verstehbar zu machen.

Dazu wird in den beiden folgenden Kapiteln näher Stellung genommen. Hier nur einige erste Hinweise, in welche Richtung man unmittelbar nach dem Tod Jesu dachte. Ausgehend von Texten der Bibel (hier natürlich noch der Hebräischen Bibel der Juden, also im Wesentlichen unseres Alten, Ersten Testaments) gelangte man zu anfanghaften Deutungen, die sich besonders auf die Propheten (etwa Jesaja) und auf die Psalmen (etwa Psalm 22) beriefen:

- *Der verfolgte Prophet:* Jesus wurde bei dieser Deutung als Prophet in der Linie alttestamentlicher Propheten verstanden, die wie er abgelehnt, verfolgt oder gar getötet wurden: »(Gott sagt:) Ich werde Propheten zu ihnen senden, und sie werden einige von ihnen töten und andere verfolgen« (Lukas 11,49). Mehr noch, Jesus ist nicht irgendein, sondern der letzte, entscheidende, endzeitliche Prophet, der zu einer unbedingten Entscheidung aufruft, deshalb aber auch besonderen Widerstand provoziert. Mit seiner Ermordung »erledigt« man auch seine unbequeme Botschaft. Erfahrungen mit Jesus während seines irdischen Wirkens werden in dieser Deutung mit einem aus der Tradition stammenden Modell prophetischen Lebens verknüpft. Aus der jüdischen Tradition heraus lassen sich Leben, Wirken und Sterben Jesu einordnen – zugleich aber wird mit ihm als dem *endgültigen* Propheten etwas ausgesagt, was über das Bisherige jüdischen Glaubens grundsätzlich hinausgeht.

- *Der leidende Gerechte:* Jesus ist der leidende Gottesknecht. Unschuldig ist er dem Leid und dem Tod ausgeliefert, gelangt bis zum tiefsten Punkt. Doch der leidende Gerechte wird von Gott nicht verlassen, sondern durch Gottes unmittelbares Eingreifen erhöht: »Er erniedrigte sich und war gehorsam bis zum Tod am Kreuz. Darum hat Gott ihn über alle erhöht ...« (Philipper 2,8-9). Diese Vorstellung greift vor allem auf die Gottesknechtlieder des zweiten Jesaja zurück: »Der Herr fand Gefallen an seinem zerschlagenen Knecht, er rettete ihn, der sein Leben ... hingab ... weil er sein Leben dem Tod preisgab und sich unter die Verbrecher rechnen ließ« (Jesaja 53,10.12). Jesus ist damit hier der leidende Gerechte, der sein Leiden bewusst und freiwillig übernimmt. Doch gerade dadurch erhält es seinen Sinn: Der Gerechte gibt nicht nur in seinem Leben, sondern erst recht in seinem Leiden und Sterben Zeugnis für Gottes barmherziges Eingreifen.

Mit beiden Lösungsansätzen, Jesu Sterben einzuordnen, hatten die ersten christlichen Gemeinden Wege gefunden, mit der Katastrophe des Scheiterns Jesu am Kreuz fertig zu werden. Jesus musste den Tod auf sich nehmen, weil er seiner prophetischen Sendung treu blieb. Gerade deshalb aber ist er nicht gescheitert, sondern wird von Gott anerkannt und bestätigt. Ansatzhaft kann von beiden Deutungen her Jesus darum nicht nur als Gekreuzigter bekannt, sondern auch als Auferstandener erfahren werden. Darum geht es im folgenden Kapitel.

Leiden und Sterben Jesu stehen in der Mitte des Bekenntnisses zu Jesus. Doch bliebe dieser Gedanke alleine stehen, wäre eine christliche Verkündigung Jesu als des Christus Gottes nicht denkbar. Es wäre noch nachzuvollziehen, dass ein gerechter Prophet unschuldiges Leiden ertragen musste und damit seine Botschaft bestätigt wird. Dass aber dieser Prophet als der Maßstab auch unseres Lebens erfahren wird, dass man sich nicht allein zu seiner Botschaft, sondern zu ihm selber bekennt, dazu bedarf es mehr: Es bedarf der Erfahrung eines Lebenden.

Aus Psalm 22

Mein Gott, mein Gott,
warum hast du mich verlassen,
bist fern meinem Schreien,
den Worten meiner Klage?

Dir haben unsere Väter vertraut,
sie haben vertraut,
und du hast sie gerettet.

Ich aber bin ein Wurm und kein Mensch,
der Leute Spott,
vom Volk verachtet.

Sei mir nicht fern,
denn die Not ist nahe,
und niemand ist da, der hilft.

Eine Rotte von Bösen umkreist mich,
sie durchbohren mir Hände und Füße.

Sie verteilen unter sich meine Kleider
und werfen das Los um mein Gewand.

Du aber, Herr, halte dich nicht fern!
Du, meine Stärke, eil mir zu Hilfe!

Ich will deinen Namen meinen Brüdern verkünden,
inmitten der Gemeinde dich preisen.

Denn er hat nicht verachtet,
nicht verabscheut das Elend des Armen.
Er verbirgt sein Gesicht nicht vor ihm;
er hat auf sein Schreien gehört.

Vom Herrn
wird man dem künftigen Geschlecht erzählen,
seine Heilstat verkündet man dem kommenden Volk;
denn er hat das Werk getan.

Jesus – Erfahrung eines Lebenden

Die Hinrichtung Jesu am Kreuz ist *der* Einschnitt, an dem sich die Bedeutung von Botschaft und Leben Jesu erweisen muss. Angesichts des Kreuzes werden Menschen – damals die Jüngerinnen und Jünger, heute wir – neu und in unüberbietbarer Konsequenz vor die Frage gestellt: Wie haltet ihr es mit diesem Jesus, der als der Christus Gottes bekannt wird? Bereits Paulus hat dies erkannt und in seinen Briefen immer wieder ausgedrückt: Entweder ist mit dem Kreuz alles aus, oder man entscheidet sich zum Glauben daran, dass der Gekreuzigte auch der Lebende ist – nur dann macht die Verkündigung christlichen Glaubens Sinn.

Wenn man sich dem Thema Auferstehung Jesu zuwendet, dann muss man als erstes konstatieren, dass die neutestamentlichen Schriften keine Beschreibung, keinen »Augenzeugenbericht« der Auferstehung selbst beinhalten. Das Suchen heutiger Menschen nach »objektiven Texten«, nach »harten Fakten« kann in diesem Zusammenhang nicht befriedigt werden. Wir hätten gerne historisch belegbare Aussagen, aber das bleibt uns von der Sache her verwehrt. Was wir haben, sind Glaubenstexte, Bekenntnisse, deutende Erzählungen, die rückblickend auf Erfahrungen von Menschen (der Jüngerinnen und Jünger) zurückschauen, die diese Menschen grundsätzlich veränderten und ihrem Leben eine neue Wendung gaben – sie zu Verkündigern nicht allein der Botschaft Jesu, sondern zu Verkündern Jesu werden ließ. Nach dem Geschehen, dass hinter dieser Veränderung steht, muss genauer gefragt werden.

Eigentlich hätte es ganz anders kommen müssen: Die Hinrichtung Jesu am Kreuz war für die Menschen, die mit ihm gezogen waren, eine solche Katastrophe, die nach menschlichen Maßstäben nur zu Resignation, Verzweiflung und einem Auseinanderfallen des Jüngerkreises führen konnte.

Und dass genau dies alles auch geschah, klingt in verschiedenen Evangelientexten noch an, am deutlichsten in der Emmausgeschichte, die allerdings erst eine relativ späte Deutung des Geschehens durch Lukas ist (s.u.). Traurig und resigniert haben zwei Jünger die Jüngergemeinschaft in Jerusalem verlassen und gehen zurück in ihre Heimat – die Gemeinschaft, die Jesus in seinem irdischen Leben zusammengebracht hat, zerfällt. Doch gerade dann geschieht die Wende. Sie begegnen Jesus, ein Weg wird gemeinsam zurückgelegt, auf dem ein dynamischer Prozess eines Neuverständnisses stattfindet. Dieser Prozess mündet beim Mahl (Stichwort Tischgemeinschaft als wesentlicher Akzent des Handelns Jesu) im Erkennen Jesu als Lebenden. Das aber verändert die Jünger, sie kehren zur Gemeinschaft zurück, ihre Resignation verwandelt sich in Freude, ihre Angst (etwa vor Verfolgung) in den Mut, den Gekreuzigten als den Auferstandenen zu bekennen.

Was hier in einem erzählenden Text rückblickend aufgezeigt wird, muss aber in breiter Weise geschehen sein: Jüngerinnen und Jünger, die allen Anlass hatten, nicht nur Jesus als den Gescheiterten, weil am Kreuz Hingerichteten, zu verstehen, sondern auch ihr eigenes Lebensprojekt eines Mitgehens mit diesem Jesus als ebenso gescheitert zu verstehen, setzen überraschend schnell einen neuen Anfang, finden neu zur Gemeinschaft zusammen, bekennen den Gekreuzigten gegen allen Augenschein als den Lebenden und richten ihr Leben neu aus: nicht allein weitere Verkündigung der Botschaft Jesu, sondern jetzt Verkündigung von Jesus selbst als den gekreuzigten Lebenden.

Was mag da geschehen sein, das diese Wende bewirkt hat? Nach den Erfahrungen der Jüngerinnen und Jünger können wir anhand der neutestamentlichen Texte fragen, nach dem Geschehen der Auferstehung Jesu selbst nicht. Hier also liegt der Ausgangspunkt dieses Kapitels, aber auch des christlichen Glaubens überhaupt: Warum bekehren sich Frauen und Männer nach der Kreuzigung neu zu Jesus? Die Lebensgemeinschaft mit dem irdischen Jesus war brutal abgebrochen worden, warum entsteht eine neue Lebensgemeinschaft? Die Jüngerinnen und Jünger waren in der Zeit des irdischen Lebens Jesu fasziniert von der Botschaft und Gestalt Jesu, deshalb folgten sie ihm, um an seiner Verkündigung Anteil zu haben. Nun aber, und zwar unmittelbar nach Ostern, nicht erst eine Generation später, bekennen sie sich in neuer und weit übersteigender Weise zu ihm selbst. Aus dem Verkünder wird der Verkündete, aus dem Jesus von Nararet wird Jesus, der Christus Gottes, das Licht der Welt, der endzeitliche Prophet, der eine Wende der Welt einleitet und in dem der Tod überwunden ist. Jetzt erst sehen sie Jesus richtig, jetzt erst finden sie in ihrem nachösterlichen Rückblick die alles entscheidende Deutung dieses prophetischen Märtyrers.

> Noch in derselben Stunde brachen sie auf und kehrten nach Jerusalem zurück ... Sie erzählten, was sie unterwegs erlebt und wie sie ihn erkannt hatten, als er das Brot brach.
>
> *Matthäus 13,33*

An und nach Ostern also beginnt eine neue Interpretation dieses Jesus von Nazaret, die Entwicklung eines Bekenntnisses zu Jesus, dem Christus Gottes, der als der Lebende erfahren wird. Die Grundfrage, die für den Glauben der Christen auch heute entscheidend ist, lautet:

- Ist diese Entwicklung eines Bekenntnisses zu Jesus als dem Lebenden »nur« eine neue Interpretation, die sich aus dem Wirken des irdischen Jesus ergeben kann? Dann nämlich kann die Auferstehung als ein »Weitererereignis der Jesusbotschaft« verstanden werden: Die Sache Jesu geht weiter, aber natürlich nicht Jesus selbst – die neutestamentlichen Texte, die von dem Lebenden sprechen, sind nur Interpretamente dieses Weitergehens der Jesusbotschaft.
- Ist das Bekenntnis der Jüngerinnen und Jünger zum Auferstandenen »nur« ein innerer Vorgang in ihnen selbst, ein neues Bewusstwerden (vielleicht als plötzlicher Akt einer bedeutenden Erkenntnis), dass das Leben Jesu auch die eigene Existenz betrifft und verändert, also ein Hereinbrechen des eschatologischen Gottesreiches in das eigene Leben ist, aber unabhängig von historischen Ereignissen? Dann nämlich kann die Auferstehung Jesu als »persönliche Anrede« verstanden werden: Dieser Jesus betrifft mich existenziell, mit den Erzählungen von der Auferstehung wird dies in mythischer Weise dargestellt.
- Oder ist die neue Erfahrung des Gekreuzigten als des Lebenden begründet in neuen Erfahrungen, die die Jüngerinnen und Jünger erst nach dem Tod mit ihm gemacht haben, die »ihnen die Augen öffneten« für neue Wirklichkeiten, die im Zusammenleben mit Jesus vor Ostern noch nicht zu erreichen waren? Dann nämlich kann die Auferstehung Jesu

als Ereignis erfahren werden, zu dem wir nicht direkt, wohl aber über die Erfahrungen der ersten Zeugen einen Zugang finden können: Auferstehung wird dann ein Geschehen, das nicht allein diesen Jesus damals, sondern das durch ihn auch mich heute erreicht. Auferstehung wird so zu einer Perspektive des eigenen Lebens. Weil der Gekreuzigte »real«, wenn auch in anderer als der vorhergehenden irdischen Weise als der Lebende erfahren wurde, eröffnet sich eine Perspektive über den Tod hinaus für alle, die sich an ihn binden. An diesem Verständnis der Auferstehung hängen – kurz und prägnant gesagt – der Glaube und die Hoffnung der Christen.

Damit ist der Weg dieses Kapitels vorgezeichnet: In einem ersten Schritt werden die neuen Erfahrungen der Jüngerinnen und Jünger reflektiert, die dann in einem zweiten Schritt in der wieder neu entstandenen Jüngergemeinschaft (der Urgemeinde bzw. den ersten christlichen Gemeinden auch über Jerusalem hinaus) zu Bekenntnissen, Glaubensformeln führten. Erst in einem dritten Schritt wurden solche kurzen Bekenntnissätze zum Auferstandenen dann auch narrativ, erzählend gestaltet in den Evangelienerzählungen von den Erscheinungen des Auferstandenen und dem leeren Grab.

Aus *neuen Erfahrungen*
werden
Bekenntnisse,
die anschließend
als *Erzählungen* gestaltet werden.

Neue Erfahrungen mit dem Lebenden

Ausgangspunkt auch neuer Erfahrungen mit Jesus als dem Lebenden ist natürlich die Erfahrung des irdischen Jesus. Von dem, was Jüngerinnen und Jünger mit ihm auf dem Weg erlebt hatten, was sie von seiner Botschaft und seinem Handeln beeindruckte, konnten sie auch nach Ostern ausgehen. Das irdische Leben Jesu ist gleichsam der Grund, auf dem sich dann nach Ostern ein weiterer Horizont ergibt, der allerdings über diesen Grund hinausgeht.

Wesentlich, so wurde bereits dargestellt, ist Jesu Predigt von der anbrechenden Herrschaft Gottes, vom Reich Gottes, das in ihm bereits begonnen hat und in Zeichen und Wundern anfanghaft zu erkennen ist. Dieses Reich Gottes wurde zeichenhaft in der Tischgemeinschaft Jesu mit allen, auch den aus verschiedenen Gründen Deklassierten, realisiert. Dies alles hatte Frauen und Männer so fasziniert, dass sie sich Jesus, dem Propheten des Reiches Gottes, anschlossen, entweder mit ihm zogen oder ihn an verschiedenen Orten unterstützten.

Die Faszination der Jünger wird durch die Festnahme, Folter und Hinrichtung Jesu grundlegend erschüttert. Dabei lassen die Evangelien auch Hinweise erkennen, dass die Jünger auf diesem letzten Weg Jesu versagt haben. Sie verließen Jesus, verleugneten ihn, wandten sich von ihm ab. Dahinter steht, dass sie ihn letztlich nicht verstanden, nichts von ihm richtig begriffen; Unverständnis (und damit aus der Sicht der Evangelisten Unglaube) herrschte vor. Es kommt angesichts der Katastrophe zu einem Bruch mit Jesus und in der Folge dessen auch zu einem Bruch der Jünger untereinander: Da die Mitte, Jesus, fehlt, zerbricht die Jüngergemeinschaft.

Im Markusevangelium, das diesen Bruch der Nachfolge Jesu besonders herausstellt, heißt es etwa (Markus 14,27): »Da sagte Jesus zu ihnen: Ihr werdet alle an mir Anstoß nehmen und zu Fall kommen; denn in der Schrift steht: Ich werde den Hirten erschlagen, dann werden sich die Schafe zerstreuen.« Dieses Zitat aus dem Propheten Sacharja (bzw. einer späteren Fortschreibung dieses Propheten der Exilszeit) verweist auf ein eschatologisches, endzeitliches Handeln: Das Auseinanderbrechen der Jüngergemeinschaft wird hier vom Evangelisten bereits als ein Anstoßnehmen an Jesus gedeutet, das Bestandteil eines endzeitlichen Geschehens ist.

Es wird ein Kontrastschema in mehrfacher Weise deutlich: Auf der einen Seite haben Menschen Jesus gekreuzigt und begraben – auf der anderen Seite hat Gott Jesus auferweckt und erhöht. Und weiter: Auf der einen Seite haben Menschen in der Nachfolge Jesu versagt und damit die Jüngergemeinschaft gesprengt – auf der anderen Seite geschieht an, nach und durch die Ostererfahrung eine Neugruppierung, ein neues Bekenntnis.

Diese Neugruppierung liegt begründet in einer neuen Bekehrung der Jünger zu Jesus hin. War bereits ihre Berufung durch den irdischen Jesus, ihre Entscheidung, mit diesem Propheten zu ziehen und an der Verkündigung seiner Botschaft teilzuhaben, eine erste Bekehrung gewesen (ein Umkehren zum Reich Gottes), so geschieht jetzt eine neue Bekehrung, dieses Mal aber zu Jesus, dem Lebenden selbst.

Sehr deutlich, wenn auch durch einen vergleichsweise späten Text geschildert, wird dies in der Gestalt des Petrus. Die Evangelien stimmen in der Erzählung der Verleugnung Jesu durch Petrus weithin überein. Sein Versagen wird in den ersten christlichen

Gemeinden ausdrücklich betont – dies trotz seiner bedeutenden Stellung in der jungen Kirche, was die Aussage von seinem »Abfall« von Jesus sogar wahrscheinlicher macht. In einem späten Nachtrag zum Johannesevangelium (Johannes 21,15-19) wird das Umkehren des Petrus von diesem Abfall und seine neue Hinwendung zu Jesus gleichsam exemplarisch für alle Jünger und in literarischer Zuspitzung (etwa dreimalige Wiederholung als literarische Betonung) dargestellt: Jesus erscheint dem Petrus (und den anderen Jüngern) am See Gennesaret als Lebender. Es findet wiederum eine Tischgemeinschaft statt (»nachdem sie gegessen hatten«). Dann fragt Jesus Petrus dreimal, ob er ihn liebe, und Petrus antwortet mit einem ausdrücklichen Bekenntnis zu Jesus. Daraus erwächst dann ein Auftrag Jesu, der Auftrag an Petrus, die junge Kirche zu leiten und sich damit gleichsam an die Spitze der neuen Gemeinde und der Verkündigung zu setzen.

Aus dieser (idealtypisch gezeichneten) Szene lässt sich eine Linie erkennen, was Petrus verändert und seinem Leben eine neue Ausrichtung gegeben hat:

- Petrus hat sich nach dem Zusammenbruch der Jüngergemeinschaft anlässlich der Kreuzigung Jesu wieder in seine Heimat begeben, an den See Gennesaret. Es findet eine Art »Regression« statt, die das vorab Erlebte mit Jesus als unwichtiges »Zwischenspiel« im normalen Lebensalltag des Petrus, eines Fischers am See, erscheinen lässt.
- Eine neue Wirklichkeit bricht dadurch herein, dass die Tischgemeinschaft der Fischer am See erweitert wird durch eine Person, von der alle »wissen«, dass es der Herr ist (Johannes 21,12). Dieser Hinzukommende übernimmt zudem die Rolle des Gast-

gebers und wird damit zur integrierenden Mitte der Anwesenden.

- Ausgehend von dieser Erfahrung bekehrt sich Petrus. Er gewinnt seine alte Beziehung zu Jesus in neuer Form zurück. Jesus wird durch diese erneute Zuwendung und Bekehrung zum Herrn seines Lebens.
- Diese Bekehrung führt dann in der Folge zur Neugestaltung seines Lebens, zur Verkündigung Jesu als lebenden Herrn und zum erneuten Aufbau der Jüngermeinschaft. Petrus übernimmt hierbei einen besonderen Dienst; er wird, und nur dies erklärt seine bedeutende Stellung in der Urgemeinde und die Rolle, die ihm die Evangelisten bereits im irdischen Leben Jesu zuweisen, zum Motor einer neuen Sammlung der Jünger.
- Das von Jesus verkündete Anbrechen des Reiches Gottes ist somit durch das Kreuz nicht abgebrochen, sondern wird aus der Erfahrung des Lebenden heraus in neuer Weise fortgesetzt: Das Reich Gottes hat nicht allein in Jesus und seinem Lehren und Handeln begonnen, sondern es wird nachösterlich in und durch ihn fortgesetzt: Jesus als das Reich Gottes mitten unter den Menschen, als die Mitte der sich neu konstituierenden Jüngergemeinschaft.

In den Texten des Neuen Testaments wird die Bekehrung zu Jesus häufig als »neues Sehen«, als eine neue Lebenssicht, als Erleuchtung dargestellt. Jesus ist das Licht der Welt, das die Dunkelheit überwindet. Die Bekehrung von Menschen zu Jesus wird sowohl vorösterlich (vgl. die Erzählung vom blinden Bartimäus, der zum Glauben an Jesus kommt) als auch nachösterlich (wie etwa in dieser Perikope der erneuten

Hinwendung des Petrus zu Jesus) mit einem neuen und nunmehr richtigen Sehen erläutert: Es geht um eine Erleuchtung des Lebens, um ein Hereinbrechen des Lichtes, um eine Erscheinung göttlicher Herrlichkeit, die mit einer Begegnung mit Jesus verbunden wird. Dieses Hellwerden des eigenen Lebens führt zu einer Lebenswende, zu einem glaubenden und vertrauenden Anbinden des eigenen Lebensweges an das Bekenntnis zu Jesus und damit zu einer kirchlichen Gemeinschaft, in der dieses Bekenntnis miteinander gefeiert und weitergegeben wird.

Dies ist die grundlegende Erfahrung, die nicht nur Petrus, sondern auch andere Jüngerinnen und Jünger an und nach Ostern gemacht haben. Sie ergibt sich nicht aus einem ausschließlichen Rückblick auf das irdische Leben Jesu, obwohl sie natürlich daran anknüpft. Vielmehr ereignete sich an und nach Ostern etwas, das die vorösterlichen Erfahrungen mit Jesus grundsätzlich überstieg: *die Begegnung mit einem Lebenden und die Bekehrung zu ihm.*

Alles andere, sowohl die Kurzformeln eines Glaubensbekenntnisses zur Auferweckung Jesu als auch die erzählenden Traditionen von Erscheinungen oder gar dem leeren Grab sind späteren Datums und stellen Deutungen dieser ersten grundlegenden Erfahrung dar. Die neutestamentlichen Traditionen also, in denen die Auferstehung Jesu bekannt oder erzählt wird (s. u.), sind Texte, die sich erst aus der Reflexion der nach Ostern neu entstehenden Gemeinde ergeben, diese Gemeinde aber nicht begründen. Vorab also stehen Erfahrungen mit einem Lebenden, dies führt zu einer neuen Sammlung der Gemeinde. Erst daraus erwachsen dann Bekenntnisse zur Auferweckung Jesu und Erzählungen zu Erscheinungen des Auferstandenen. Die Erfahrung geht voran, es folgen die Lebenswende und eine neue Praxis der Gemeinschaft (auch der Tischgemeinschaft), erst danach Deutungen, dieses Geschehen auch sprachlich (zuerst mündlich, dann schriftlich) zu fassen, damit es weitergegeben werden kann.

Die zu Grunde liegende Erfahrung von Jesus als einem auch nach der Kreuzigung Lebenden führt ebenso zur Sendung der Gemeinde, also zu einem Wirken über ihren Kreis hinaus: Es lohnt sich, sich an diesen Jesus zu binden, weil das Leben durch ihn eine Perspektive gewinnt, die über den Tod hinausführt, auch über den eigenen. Von hier aus war dann der Weg nicht mehr weit, diesen Jesus durch eine Fülle von Titeln und Namen zu deuten, wie es in den beiden folgenden Kapiteln dargestellt wird. Doch vorab ein wichtiger Blick auf die Entwicklung der mündlichen und schriftlichen Bekenntnisse zum Auferstandenen, auf frühe Glaubensformeln und spätere Erzählungen.

Bekenntnisformeln: Jesus ist auferweckt worden

Vor den neutestamentlichen Texten zur Auferstehung Jesu steht also die grundlegende Erfahrung des Gekreuzigten als Lebenden und die erneute Zusammenführung der Gemeinde. Doch bald schon wurde es nötig, diese Grunderfahrung der Christen zu versprachlichen – zum einen nach innen im lobenden Bekenntnis des großen Gottes, der an Jesus und an den sich zu ihm Bekennenden handelt, zum anderen nach außen in der Verkündigung Jesu, dem Auferstandenen als den Herrn und Christus.

Bei diesem zuerst mündlichen, dann schriftlichen Prozess stehen die Erzählungen von den Erscheinungen des Auferstandenen und dem leeren Grab keineswegs am Anfang. Vor ihnen liegen kleine Bekenntnisformeln, Kurzformeln des entstehenden christlichen Glaubens, die bereits in sehr früher Zeit, in jedem Fall aber vorpaulinisch (also etwa vor den paulinischen Briefen ab dem Jahr 50) entstanden sein müssen. In diesen Formeln wird uns das Denken und Glauben der ersten christlichen Gemeinden in prägnanter Weise vorgestellt.

Solche Glaubensformeln sind kleine Sätze, Satzteile oder Ausrufe, die in konzentrierter Form ein Bekenntnis zu Jesus ausdrücken und mitteilen. Die älteste Formel, »Gott hat Jesus von den Toten auferweckt«, findet sich in den paulinischen Briefen mehrfach (etwa Römer 10,9 oder 1. Korinther 6,14). Auch gibt es häufig eine Anbindung von Sterben und Auferstehen in kleinen Bekenntnisformeln, etwa in 2. Korinther 5,15. Auch die Leidensvorhersagen in den Evangelientexten können in diesen Zusammenhang eingebracht werden, etwa Markus 8,31: »... der Menschensohn müsse vieles erleiden und von den Ältesten, den Hohenpriestern und den Schriftgelehrten verworfen werden; er werde getötet, nach drei Tagen werde er auferstehen.« Solche Texte sind keine Worte aus dem Mund Jesu, sondern nachösterliche Reflexion und nachösterliches Bekenntnis der christlichen Gemeinden. Die Leidens- (und Auferstehungs-)vorhersagen der Evangelien stammen somit aus Gemeindetraditionen, die die Evangelisten aufnahmen, um das Geschehen mit Jesus deuten zu können.

> Wenn Jesus – und das ist unser Glaube – gestorben und auferstanden ist, dann wird Gott durch Jesus auch die Verstorbenen zusammen mit ihm zur Herrlichkeit führen.
>
> *1. Thessalonicher 4,14*

Die ersten Kurzformeln werden von Paulus in seine Verkündigung und in seine Schriften aufgenommen, zugleich aber theologisch weitergeformt. Er reflektiert Tod und Auferstehung Jesu in ihrer Heilsbedeutung für die Menschen. Ihm geht es um die »Rettung der Sünder«, um die Rechtfertigung des Menschen vor Gott, um das Heil, das in Jesus, dem Gekreuzigten und Auferstandenen, den Menschen zugesprochen ist: »Wegen unserer Verfehlungen wurde er hingegeben, wegen unserer Gerechtmachung wurde er auferweckt« (Römer 4,25).

Es geht in den ersten Gemeinden somit nicht allein um das Bekenntnis und das Lob Gottes angesichts des Geschehens mit Jesus, sondern zunehmend um eine Besinnung auf das eigene Heil und zugleich um die Frage, was sich daraus für das eigene Handeln ergibt. Christologie (Bekenntnis zu Jesus als dem Christus) wird mit Soterologie (Lehre vom Heil) und Paränese (Ermahnung zu einem Handeln aus dem Auferstehungsglauben heraus) verknüpft. Jesus ist in dieser Sicht nicht «für sich« gestorben und auferweckt worden, sondern »für andere«, für die vielen (vgl. die Einsetzungsworte beim Abendmahl), das heißt, richtig verstanden, für alle Menschen. Das Thema der Predigt Jesu (Heil von Gott für alle) wird jetzt zumThema: Heil in Jesus für alle.

In diesen Zusammenhang gehört dann auch die paulinische Überlegung, was die christliche Taufe bedeutet: Sie ist der Durchgang vom alten zum neuen Leben, vom Tod zur Auferstehung. Wer sich zu Jesus als dem auferstandenen Christus bekennt und dieses Bekenntnis durch die Taufe in symbolischer Form ausdrückt, erlangt ewiges Heil und wird gerettet: »Wisst ihr denn nicht, dass wir alle, die wir auf Christus Jesus getauft wurden, auf seinen Tod getauft worden sind? Wir wurden mit ihm begraben durch die Taufe auf den Tod; und wie Christus durch die Herrlichkeit des Vaters von den Toten auferweckt wurde, so sollen auch wir als neue Menschen leben. Wenn wir nämlich ihm gleich geworden sind in seinem Tod, dann werden wir mit ihm auch in seiner Auferstehung vereinigt sein« (Römer 6,3-5). Für Paulus wird also die Frage nach Jesus zur Frage nach dem eigenen Heil. Es gilt nicht länger: »*Was ist* mit diesem Jesus?«, sondern: »*Was bedeutet* dieser Jesus *für mich*?«

Die neutestamentlichen Auferstehungsformeln machen folgende Grundaussagen über Jesus:

- Kreuz und Tod Jesu sind nicht das Ende, kein katastrophaler Abbruch. Vielmehr wird der Gekreuzigte als der vom Tod befreite Lebende erfahren.
- Dies erfolgt durch das Eingreifen Gottes, der seinen Christus auferweckt. Gott bejaht damit nicht allein die Botschaft Jesu, sondern auch den Boten selbst.
- Über das *Wie* dieses Ja Gottes können wir nur indirekt sprechen, es geht zuerst einmal um das Bekenntnis des *Dass*. Das Wie kann durch Begriffe wie »Erhöhung, in die Herrlichkeit aufgenommen, Verleihung eines Namens, zur Rechten Gottes sitzen, zum Messias (Christus) machen ...« umschrieben werden. Durch solche und ähnliche Begriffe wird versucht, das nicht Vorstellbare durch bekannte Vorstellungen zu umschreiben.
- Der Auferweckte ist mit dem Gekreuzigten identisch, aber dennoch in einer völlig neuen Seinsweise, die mit menschlichen Begriffen und Vorstellungen nicht zu fassen ist. Mit dem Auferweckten beginnt Gott eine »neue Schöpfung«, setzt einen

neuen Anfang zwischen sich selbst und den Menschen.

- Die Auferweckung Jesu hat Bedeutung für alle, die sich zu ihm bekennen, ja, über sie hinaus für die ganze Welt. Mehr noch als im irdischen Leben Jesu und in seiner Botschaft beginnt im Kreuz und in der das Kreuz überwindenden Auferweckung Gottes Heil für alle Menschen. Von hier aus werden Bekenntnisse der Christen verständlich, die Jesus als Herrn, Richter, Retter und Heiland benennen.
- Die Erfahrung Jesu als Lebenden verändert Menschen. Sie stellen sich in der Folge als Zeugen nicht nur der Botschaft Jesu, sondern der Botschaft *von* Jesus zur Verfügung. Ihr Leben wird grundsätzlich neu ausgerichtet; sie werden zu neuen Menschen, wie Paulus es ausdrückt.
- Die Erfahrung Jesu als Lebenden führt dann – wahrscheinlich durch die besondere Initiative des Petrus – zu einer neuen Sammlung der Jüngergemeinde: Die Urgemeinde und damit der Beginn der christlichen Kirche entsteht aus der Erfahrung des Auferstandenen. Der Gekreuzigte und Auferweckte bleibt in dieser Gemeinschaft durch seinen Geist gegenwärtig. Die lebensschaffende Kraft Gottes bewirkt neue Gemeinschaft und Heil für alle.

Auferstehungserzählungen

Im Gottesdienst der ersten christlichen Gemeinden hatten die kurzen Bekenntnisformeln einen ersten »Sitz im Leben«; ebenso aber wurden sie in der Verkündigung und in der Katechese der jungen Gemeinden genutzt. Erst nachdem man bereits einige Zeit die Erfahrungen mit Jesus als Lebendem in solchen

Kurzformeln des Glaubens bekannte und im Gottesdienst feierte, kommt es mit wachsenden Verkündigungsaufgaben der Gemeinden und ihrer Verantwortlichen (Mission jetzt auch unter den Heiden und zudem in anderen Ländern des Mittelmeerraumes, nicht mehr allein in Israel) zu einer neuen Textsorte: zu Erzählungen, die die Erfahrungen mit dem auferweckten Jesus in Geschichten fassten.

Diese Auferstehungserzählungen gehören somit zu einer jüngeren Traditionsschicht des Neuen Testaments. Damit wird sofort deutlich, dass es sich bei ihnen in keiner Weise um Augenzeugenberichte oder Protokolle eines historisch fassbaren Geschehens handelt, sondern um eine weiterführende theologische Deutung der unbegreiflichen Ereignisse von Jerusalem angesichts neuer Herausforderungen einer Mission in einer anderen Zeit (40 bis 70 Jahre später) und in einer anderen Kultur als der jüdischen. Es geht bei diesen Texten ebenso wie bei den kurzen Glau-bensformeln um Bekenntnisse zu Jesus, dem Herrn und Christus Gottes, allerdings dieses Mal in narrativer Form. Das Ereignis selbst, wenn auch nicht in seinem *Wie*, sondern in seinem *Dass*, war schon längst bekannt und man bekannte sich dazu. Nun aber fasste man dieses Bekenntnis in Geschichten, die in theologischer, oftmals metaphorischer und bildhafter Sprache, zudem mit vielen Bezügen zum Alten Testament das Gleiche ausdrücken wollten. Allerdings kommen auch neue Akzente hinzu, die sich aus der jeweiligen Gemeindesituation und der theologischen Aussageabsicht des Evangelisten (bzw. des Verfassers einer Quelle, die in die Evangelien aufgenommen wird) ergibt.

Das »leere Grab« etwa erhält im Zusammenhang mit der wachsenden Auseinandersetzung zwischen Kirche und Synagoge, zwischen den christlichen Gemeinden und ihren jüdischen Gegnern einen besonderen Stellenwert: Es ist Teil eines apologetischen, sich verteidigenden Bemühens der ersten Christen – die Botschaft vom Auferweckten sollte durch Erzählungen vom leeren Grab unterstrichen werden.

Ein anderer neuer Akzent wird etwa in der Emmausgeschichte deutlich. Hier geht es neben dem Bekenntnis zum Auferstandenen zugleich um einen Bezug zur gemeindlichen Eucharistie – die Tischgemeinschaft mit allen ist nicht allein wesentliches Kriterium des Lebens Jesu, auch nicht allein ein Kennzeichen der nachösterlichen Begegnung mit dem Auferstandenen, sondern wird für die christlichen Gemeinden zur inneren Mitte ihrer Gemeinschaft und ihrer Anbindung an Jesus.

Auch die Erzählung vom ungläubig-gläubigen Thomas (Johannes 20,24-29) setzt zum Bekenntnis des Auferstandenen einen eigenen Akzent: Angesichts einer nunmehr späteren Zeit und der Tatsache, dass inzwischen alle die bereits gestorben waren, die Jesus persönlich gekannt hatten, gewinnt das Thema Glauben eine neue Dimension. Nun geht es um ein Glauben ohne Sehen (»Selig sind, die nicht sehen und doch glauben«). Der Hörer/Leser wird also vor die Entscheidung gestellt: Wie hältst du es mit dem Glauben an den Auferstandenen? Der Apostel Thomas dient dabei als Identifikationsfigur eines Menschen, der Jesus sucht und zu Jesus findet.

> Jesus sagte zu Thomas:
> »Sei nicht ungläubig,
> sondern gläubig!«
> Thomas antwortete ihm:
> »Mein Herr und mein Gott!«
>
> *Johannes 20,27-28*

Aus solchen unterschiedlichen Zielsetzungen ergeben sich verschiedene Erzähltraditionen der österlichen Erscheinungen. Diese narrativen Texte sind nicht aufeinander abgestimmt. Man kann sie deshalb auch nicht »harmonisieren«, es lässt sich aus ihnen kein »Ablaufprotokoll der Erscheinungen Jesu« fertigen. So wird etwa von unterschiedlichen Orten der Erscheinungen gesprochen: Markus und Matthäus nennen Galiläa, Lukas spricht von Jerusalem, Johannes führt ebenfalls Jerusalem an, ein Nachtrag (Johannes 21) spielt dagegen am See Gennesaret in Galiläa. Dies zeigt bereits, dass es hier um unterschiedliche erzählerische Ausgestaltungen einer Sache geht, die im Kern wie folgt benannt werden kann: Die Jünger machen die Erfahrung Jesu als Lebenden und gelangen so zum Bekenntnis des Auferstandenen; das gibt ihrem Leben eine neue Richtung und konstituiert die Jüngergemeinschaft neu – nunmehr als Kirche Jesu.

Bei den erzählerischen Texten lassen sich vor allem *Erscheinungsgeschichten* und *Geschichten vom leeren Grab* unterscheiden. Allerdings sind diese Geschichten teilweise ineinander verwoben, manchmal fließen mehrere Motive in einen Text. Dabei setzt jeder Evangelist seine eigenen Akzente, die hier nur kurz benannt werden können.

Markus geht in seinem Evangelium von einem Geheimnis Jesu aus, das sich den Jüngern während der Zeit des irdischen Jesu noch nicht erschließt. Erst unter dem Kreuz kommt der (heidnische) Hauptmann zum Bekenntnis, dass Jesus der Sohn Gottes ist. Die Engelbotschaft im leeren Grab hat deshalb eine besondere Funktion im Rahmen seiner Evangelienkomposition: Hier, vermittelt durch eine göttliche Botschaft, klärt sich das Jesusgeheimnis für die Jünger: »Der Gekreuzigte ist der Lebende, der ihnen vorausgeht.« Diese Erscheinung eines Engels, eines göttlichen Boten, steht bei Markus im Zusammenhang mit zwei weiteren Erscheinungen: mit der Taufe Jesu und dem deutenden Wort Gottes (»Du bist mein geliebter Sohn«, Markus 1,11) und mit der Verklärung (»Das ist mein geliebter Sohn, auf ihn sollt ihr hören«, Markus 9,7). Eine göttliche Stimme bestätigt bei allen drei Texten das, was vorher von einem Menschen bekannt wurde: Der Taufe geht das Zeugnis Johannes des Täufers (»Nach mir kommt einer ...«) voraus, der Verklärung das Bekenntnis des Petrus (»Du bist der Messias«) und der Engelbotschaft im Grab das Bekenntnis des Hauptmanns (»Wahrhaftig, dieser Mensch war Gottes Sohn«). Gott also bestätigt das, was von Menschen anfanghaft erfahren und bekannt wurde: Gott bestätigt seinen Christus – dies ist die Kernaussage der Erscheinungsgeschichte am Ende des Markusevangeliums (der Abschluss des Markuskapitels mit weiteren Erscheinungen ist eine spätere Hinzufügung, die hier unberücksichtigt bleiben soll).

> Ihr sucht Jesus,
> den Gekreuzigten.
> Er ist auferstanden;
> er ist nicht hier. Er geht
> euch voraus nach Galiläa;
> dort werdet ihr ihn sehen.
>
> *Markus 16,6-7*

Matthäus setzt in seinem ganzen Evangelium einen besonderen Akzent dadurch, dass er die durch Jesus gegründete Gemeinschaft der Glaubenden betont. Dies wird auch in den Erscheinungsgeschichten des Auferstandenen deutlich. Der Auftrag zur Verkündigung wird zuerst den Frauen gesagt. Anders als bei Markus erfüllen die Frauen auch diesen Auftrag. Sie sind nicht allein von Furcht (Markus: Schrecken und Entsetzen) erfüllt, sondern auch von großer Freude. So eilen sie zu den Jüngern, um ihnen die Botschaft zu verkünden. Die Verkündigung der guten Nachricht von Jesus, dem Lebenden, nimmt hier ihren Lauf –

übrigens durch Frauen! Diese Verkündigung wird in den letzten Versen des Evangelium dann auf den ganzen Erdkreis ausgeweitet. Ein zusätzlicher Akzent ist bei Matthäus die Auseinandersetzung mit den Hohenpriestern, die mit einem Betrugsversuch gegen die Auferstehungsbotschaft vorgehen. Dieses Motiv passt zu Matthäus, der in einer Zeit der Auseinandersetzung zwischen christlichen und jüdischen Gemeinden aufzeigen will, dass sich die Verheißungen des Alten Testaments in Jesus erfüllt haben. Die Kirche löst sich von den Juden, will aber dennoch den Juden Jesus als das lebende Heil für die Welt und damit auch für Israel bekennen.

> Darum geht
> zu allen Völkern,
> und macht alle Menschen
> zu meinen Jüngern.
> *Matthäus 28,19*

Lukas fügt mit der Erzählung von den Emmausjüngern die wohl schönste der Erscheinungserzählungen in sein Evangelium ein, verbunden mit dem Motiv der Eucharistie, das aus der Gemeindepraxis seiner Gemeinde stammt. In diesem Text und in anderen Erscheinungserzählungen geht es ihm in hohem Maß um die Identifizierung des irdischen mit dem auferweckten Jesus. Deshalb wird die Berührbarkeit des Auferstandenen (»Fasst mich doch an«) und auch sein Essen (»er aß es vor ihren Augen«) betont. Als Kerngedanken lässt sich bei Lukas aber das ausmachen, was er bereits am Anfang seines Evangeliums als eine Art Überschrift niedergelegt hat: Jesus ist »Israels Herrlichkeit und das Licht der Heiden, das Heil, das Gott allen Völkern bereitet hat« (Lukas 2,31f). In Jesus ist das Heil Gottes zu den Menschen gekommen. Dabei werden der irdische Jesus und der himmlische Gottessohn in eins gesehen, in Jesus sind Himmel und Erde, Gott und die Menschen verbunden. Von diesem Gedanken lässt sich das ganze Lukasevangelium lesen, angefangen von den Kindheitsgeschichten bis zu der Erzählung von der Himmelfahrt Jesu, die auch nichts anderes als eine Erscheinungsgeschichte ist, bei der aber weniger die Auferweckung Jesu als seine Erhöhung zu Gott im Vordergrund steht.

Johannes bringt mit der Erzählung von Maria von Magdala eine andere Tradition ein, die die Geschichte vom Weg der Frauen zum Grab konkretisiert. In diesen Text hinein ist die Erzählung vom Wettlauf der Jünger eingebunden – das Thema des Verhältnisses von Petrus und dem anderen Jünger spielt bei Johannes eine besondere Rolle. Der andere Jünger ist der Erste, der zum Glauben findet (»er sah und glaubte«). Mit der Erzählung vom ungläubigen Thomas (s.o.) fügt Johannes ein Motiv hinzu, das aus späteren christlichen Generationen stammt (Wie können wir glauben, ohne zu sehen?). Auch bei Johannes geht es um die Sendung der Jünger, die sie nun, gestärkt durch den Geist Gottes und Jesu, beginnen können. Für Johannes ist das, was wir an Ostern, Himmelfahrt und Pfingsten getrennt feiern, eine Einheit. Auferweckung, Erhöhung und Geistsendung sind verschiedene Seiten, wie der Lebende erfahren werden kann.

Ebenso wie die kurzen Bekenntnisformeln zum Auferstandenen gibt es einige wesentliche Linien, die die Erscheinungserzählungen prägen:

- Die Begegnung mit dem Auferweckten führt die Jüngerinnen und Jünger in unterschiedlicher Weise zum Glauben. Sie machen Erfahrungen, die ihr Leben grundsätzlich verändern, die sie aber sprachlich in keiner Weise angemessen mitteilen können.

- Eingebettet in Erscheinungserzählungen ist auch das Motiv des leeren Grabes. Das leere Grab allerdings bewirkt noch keinen Glauben. Dies geschieht allein in der Begegnung mit dem Lebenden selbst.
- Die Jüngerinnen und Jünger werden durch die Begegnung mit dem Lebenden zu Zeuginnen und Zeugen nicht allein der Botschaft Jesu (wie zur Zeit seines irdischen Wirkens), sondern nunmehr der Person Jesu, des gekreuzigten und auferweckten Herrn.
- Die Erzählungen schildern nicht als historische Berichte ein geschichtlich fassbares Geschehen. Sie geben vielmehr Glaubenserfahrungen wieder und wollen die Hörer/Leser zum eigenen Glauben ermuntern.

Dies drückt Johannes am Ende seines Evangeliums mit den Worten aus: »Dies ist aufgeschrieben, damit ihr glaubt, dass Jesus der Messias ist, der Sohn Gottes, und damit ihr durch den Glauben das Leben habt in seinem Namen« (Johannes 20,31).

Er lebt

Da bebt die Erde,
da kommen die Engel,
da bewegt sich der Stein,
da stürzen die Soldaten,
da ist das Grab leer.
All dies ist wunderbar
und doch nicht das Wunder.

Das Wunder ist
ER selbst:
der Gekreuzigte, der lebt,
der Verstummte, der spricht,
der Geschundene, der erscheint,
der Durchbohrte, der sich zeigt,
der Tote, der auferstanden ist.

Die Frauen und die Jünger
begreifen schnell, und
dann ergreift es sie:
Das Böse behält nicht das Sagen,
sondern die Liebe,
der Tod ist nicht das Letzte,
sondern das Leben,
die Gewalt triumphiert nicht,
sondern die Hingabe,
der Hass siegt nicht,
sondern die Versöhnung.

So hat ER geredet, gehandelt,
hat dafür gelitten, ist dafür
gestorben.
Gott hat ihn bestatigt.
ER lebt,
es geht weiter.

Alois Albrecht

Jesus – Christus Gottes

Die Jünger, die Jesus auf seinem irdischen Lebensweg gefolgt waren, hatten sich nach Ostern neu zusammengeschlossen. Nach Leiden und Tod Jesu war dies nicht selbstverständlich, im Gegenteil: Das in den Evangelien angedeutete Auseinanderbrechen ihrer Gemeinschaft angesichts des Todes Jesu war die normale Reaktion. Doch die neue Erfahrung Jesu als Lebenden, der in neuer Weise die innere Mitte ihres Kreises bildete, ließ auch einen neuen Anfang ihrer Gemeinschaft, ließ neue Tischgemeinschaft und Offenheit für neue Mitglieder zu. Dies führte zur Entstehung von Kirche, von Mission, von Gottesdienst und Katechese, von Diakonie als Grundprinzip christlicher Gemeinde und anderem mehr.

Es führte aber auch zu einem neuen Reflexionsprozess unter den Jüngerinnen und Jüngern, zu einem neuen Nachdenken über die Frage: Wer war dieser Jesus, der uns die Botschaft von Gottes Erbarmen mit allen brachte und diese Botschaft bis zur letzten Konsequenz gelebt hat? Und weiter: Was ergibt sich für unser Verständnis von Jesus, den wir in seinem irdischen Leben in einer bestimmten Weise erlebt haben, nun, nachdem wir ihn als Gekreuzigten und dennoch Lebenden erfahren? Wie können wir unsere neuen Erfahrungen mit Jesus, dem Gekreuzigten und Lebenden, in einer angemessenen Weise sprachlich ausdrücken?

Dieser Reflexionsprozess der ersten christlichen Gemeinden, der dann in den neutestamentlichen Schriften fortgeführt und konkretisiert wurde, gelangte schon bald zu unterschiedlichen Titeln, mit denen man Wesen und Bedeutung Jesu wiedergeben wollte. Begriffe wie Prophet, Menschensohn, Messias (Christus), Sohn Gottes und andere mehr wurden schon bald in christliche Kurzformeln des Glaubens aufgenommen, um Jesus, den Lebenden, zu deuten. Solche Deutungen erwuchsen zum einen aus einem Rückblick, aus der Erinnerung an den irdischen Jesus. Zum anderen erwuchsen sie aus der neuen Ostererfahrung (Ostern als »Wiege der Christologie«). Als Hintergrund dieser Deutungen stehen dabei das Alte Testament bzw. die spätjüdischen Vorstellungen, die in Israel damals Bedeutung hatten, zusätzlich, wenn auch in geringerem Maß und erst später, auch Vorstellungen aus der hellenistischen Welt.

Die Deutungen, die die ersten christlichen Gemeinden mit Jesus verbanden, waren keine theologische Spekulation und Spielerei. Vielmehr ging es bei ihnen darum, auf die aktuelle, ja existenzielle Bedeutung Jesu hinzuweisen. Damit sind wir bei dem angelangt, was uns an diesem alten Prozess interessieren kann: Es kann nicht allein aufgezeigt werden, was diese Titel damals ausdrücken sollten. Vielmehr müssen diese Titel daraufhin untersucht werden, ob sie uns auch in unserer Zeit etwas aussagen können: Geben diese alten Titel auch uns heute Hilfen, diesen Jesus von Nazaret, den Christen als den Christus und Sohn Gottes bekennen, besser zu verstehen und mit unserem Leben zu verbinden?

Bei den Titeln, die ich im Folgenden anspreche, habe ich mich auf die vier wichtigsten Beispiele urchristlicher Deutung beschränken müssen: Jesus als eschatologischer Prophet, als Menschensohn, als Messias, als Sohn Gottes. Anderes (Jesus als Weisheit Gottes ...) muss hier entfallen.

Der eschatologische Prophet

Ein erster Ansatzpunkt für die nachösterliche Deutung Jesu ergab sich aus seinem irdischen Wirken wie von selbst. Er lebte als prophetische Gestalt, die das Anbrechen des Reiches Gottes verkündete. Auf viele Menschen hat Jesus also bereits vorösterlich den Eindruck eines Propheten gemacht, eines Menschen, den der Geist Gottes in besonderer Weise antrieb und mit Kraft erfüllte. Jesus ist Bote von Gott her.

Dieses Bote-und-Prophet-Sein konnte im Blick auf Jesu Botschaft und sein Wirken mit der im Spätjudentum (und damit in der Zeit Jesu) verbundenen Hoffnung auf einen letzten, endgültigen, endzeitlichen Propheten verbunden werden. Er ist der endzeitliche Bote, in dem Gott erscheint, in und durch den die endgültige Herrschaft Gottes beginnt.

Eine solche Deutung kann durchaus bereits auf Jesus zurückgehen. In der Schilderung des Lukasevangeliums (Lukas 4,16-21) beginnt Jesu Auftreten mit einer Predigt in der Synagoge von Nazaret, bei der er eine Verheißung Jesajas vom endzeitlichen Propheten aufgreift (Jesaja 61,1-2). Auch an vielen anderen Stellen der übrigen Evangelien scheint auf, dass Jesus ein prophetisches Selbstverständnis hatte. Dies gilt nicht allein für seine Botschaft, sondern auch für sein Handeln zugunsten von Armen, Ausgegrenzten und Deklassierten, das eindeutig prophetische Züge hat. Jesus ist der von Gottes Geist erfüllte und durch ihn getriebene Prophet, er ist somit der Immanuel, der »Gott-mit-uns«.

Das, was im irdischen Leben Jesu bereits anklingt und zu seinem Selbstverständnis gehört, wird nun nachösterlich von den christlichen Gemeinden in neuer, intensiverer Weise verstanden und fortgeführt.

Ihre Erwartung der bald kommenden Endzeit (und damit der endgültigen und alle umfassenden Herrschaft Gottes) drückt sich darin aus, dass Jesus als die endzeitliche Gestalt verstanden wird, die diese Herrschaft bringt. Jesus wird hier zum Herrn, der für die Zukunft erwartet wird. Das urchristliche Gebet des »Maranatha« – »Herr, komm bald wieder« (vgl. 1. Korinther 16,22) ist eine liturgische Formel in aramäischer Sprache aus ganz früher Zeit, die diese Erwartung (vielleicht bei einer Abendmahlsfeier) ausdrückt. Hier wird Jesus zum bereits zu Gott erhöhten, aber erst für die Zukunft erwarteten endzeitlichen Weltenrichter, der denen das Heil bringt, die sich glaubend an ihn binden, für die anderen aber zum Richter wird.

> Er, der dies bezeugt, spricht. Ja, ich komme bald. – Amen. Komm, Herr Jesus!
>
> *Offenbarung 22,20*

Jesus als endzeitlicher Prophet wird im Johannesevangelium auch als zweiter und größerer Mose gesehen, als Mose-Prophet und neuer Gesetzgeber, der den Auszug der glaubenden Menschen ins Reich Gottes anführt (zweiter Exodus): »Denn das Gesetz wurde durch Mose gegeben, die Gnade und die Wahrheit kamen durch Jesus Christus« (Johannes 1,17).

Dieses Verständnis Jesu geht von einem Aufsteigen des irdischen Jesus zur Herrlichkeit Gottes aus: Gott erhöht ihn, lässt ihn zu seiner Rechten sitzen. Sowohl Markus (12,36) als auch die Apostelgeschichte des Lukas (2,34) übernehmen den Beginn von Psalm 110 (110,1: »So spricht der Herr zu meinem Herrn: Setze dich mir zur Rechten«), um Jesus als den Herrn der Zukunft zu zeigen. Der Tod Jesu ist die erste Phase dieses endzeitlichen Geschehens, seine Auferweckung eine nicht ausdrücklich genannte Voraussetzung dieser Deutung.

Das Verständnis Jesu als endzeitlicher Prophet ist ein Modell, das sich den ersten christlichen Gemeinden aus ihrer jüdischen Tradition unmittelbar anbot und das auch vielfältige Beziehungen zum irdischen Leben Jesu aufwies. Seine Botschaft vom Heil Gottes für alle findet in dem erwarteten endzeitlichen Geschehen ihre Erfüllung. Neu und weiterführend an dieser Deutung aber ist, dass stärker als beim Selbstverständnis des irdischen Jesus dieses Geschehen mit seiner Person identifiziert wird: Er verkündet nicht allein die Zukunft des Reiches Gottes, sondern er *ist* diese Zukunft, die Heil für alle bedeutet.

Im Zusammenhang damit steht eine weitere Deutung – Jesus als der Menschensohn.

Menschensohn

Die Bezeichnung Jesu als Menschensohn findet sich in den Evangelien zwar häufig. In der Geschichte christlichen Glaubens aber ist dieser Titel weithin untergegangen und hat auch keinen Eingang gefunden in die Glaubensbekenntnisse der großen Konzilien des vierten und fünften Jahrhunderts. Dies liegt an vielen grundsätzlichen Schwierigkeiten, die diese Beschreibung Jesu mit sich bringt, und vor allem am kulturellen Umbruch, den das junge Christentum bei seinem Wechsel von einer jüdisch bestimmten zu einer hellenistisch bestimmten Welt erfuhr: In einer hellenistisch geprägten Gesellschaft konnte die spätjüdische Vorstellung von einem kommenden Menschensohn nicht länger verstanden werden.

Der Ausdruck »Menschensohn« wird im neuen Testament in verschiedener Weise gebraucht. Zum einen ist es ein Wort der Alltagssprache, das für die

Menschen allgemein oder für irgendeinen bestimmten Menschen stehen kann, das damit auch synonym mit dem Begriff »Ich« sein kann. Es ist an die Gegenwart gebunden.

Zum zweiten gibt es im Spätjudentum eine Reihe von Texten, in denen eine himmlische Gestalt mit dem Begriff »Menschensohn« bezeichnet wird. Dieser Menschensohn ist zuerst ein überirdischer Repräsentant Gottes, der alle widergöttlichen Mächte überwindet. Er repräsentiert aber auch das Volk Israel, das im Zentrum der neuen Herrschaft Gottes sein wird. Später wurde diese Gestalt eines zukünftigen Menschensohns mit dem Messiasbegriff vermischt.

Ein dritter Gebrauch des Wortes findet sich schließlich in den Leidensvorhersagen. Dies sind urchristliche Deutungen des Leidens Jesu vor dem Hintergrund der alttestamentlichen Tradition vom leidenden Gerechten.

Jesus spricht in den Evangelien vom Menschensohn wie von einer anderen Person. Dabei steht für ihn der zukünftige Menschensohn im Vordergrund (die dritte Fassung des leidenden Menschensohns kann als urchristliche Deutung kaum mit dem Sprechen Jesu verbunden werden). Er ist aber – anders als in der spätjüdischen Erwartung – weniger der Richter, der ein hartes Gericht über die Menschen bringt, als derjenige, der den Menschen Gottes Heil zukommen lässt. Dies stimmt genau mit dem überein, was ich weiter oben zum Unterschied zwischen Johannes dem Täufer und Jesus gesagt habe: Jesus geht auch von einer entscheidenden Wende der Zeit aus, die mit ihm gekommen ist; er akzentuiert bei dieser Wende aber das Heil, weniger das Gericht (bei Johannes ist es umgekehrt, ebenso bei den spätjüdischen Menschensohnvorstellungen).

Es ist denkbar, dass Jesus die auf die Gegenwart bezogenen Menschensohnworte (etwa Matthäus 11,19: »der Menschensohn ist gekommen, er isst und trinkt ...«) mit denen verbunden wissen wollte, die auf den künftigen Menschensohn Bezug nehmen (etwa Markus 13,26: »Dann wird man den Menschensohn mit großer Macht und Herrlichkeit auf den Wolken kommen sehen«). Dies würde bedeuten, dass er mit diesem der jüdischen Tradition entnommenen Begriff eine Deutung seines eigenen Wirkens auszudrücken versuchte: eine Identifizierung des kommenden Menschensohnes mit seiner eigenen Person.

Wenn auch nicht sicher zu beantworten ist, ob Jesus dies bereits so gesehen hat, die christlichen Gemeinden des Anfangs taten es: Für sie war Jesus der kommende Heilsbringer, der Erhöhte, der aus den Himmeln (dem Bereich Gottes) Kommende. Sein Kommen bringt Heil für die Glaubenden und Gericht für die, die sich dem Glauben verweigern. Was in der Gegenwart (in der Begegnung mit dem irdischen Menschensohn) bereits begonnen hat, der Anfang des Reiches Gottes, wird in der Zukunft, im Kommen des endzeitlichen Menschensohns Jesus, endgültig Wirklichkeit.

Die Verwendung des Begriffes Menschensohn als Deutung Jesu spricht ihm die entscheidende Rolle für die erwartete Heilszukunft zu: Jesus ist Gottes Zukunft für uns. In ihm wird uns Heil von Gott her zugesprochen. Diese endgültige Identifizierung Jesu mit dem Menschensohn setzt die Erfahrung Jesu als Lebenden voraus, ist also nachösterliches Bekenntnis. Diese Deutung konnte allerdings nur im Kontext einer jüdisch geprägten Gesellschaft verstanden werden. Beim Wechsel in einen anderen Verständnishorizont trat dieser Titel deshalb schnell zurück.

Messias

Kein anderer Titel hat als Deutung Jesu, des Lebenden, solche Bedeutung gewonnen wie Messias. In Christus, der griechischen Übersetzung dieses hebräischen Wortes (maschiach = Gesalbter), ist der Titel gleichsam zu einem theologischen Eigennamen geworden, nach dem sich auch die an Jesus Glaubenden, die Christen, benennen. Auch in der katholischen Liturgie der Sakramente Taufe, Firmung, Priesterweihe und Krankensalbung spielt die mit dem Christustitel verbundene Erinnerung an eine heilschaffende Salbung eine wichtige Rolle.

Alttestamentlich ist der Begriff Messias aus einer rituellen Praxis entstanden, bei der Könige, später auch Priester und Propheten, gesalbt wurden. Mit dieser Salbung wurde nicht allein ihre besondere Stellung in der Gesellschaft betont, vielmehr wurde ausgedrückt, dass diese Stellung auf ein direktes Eingreifen Gottes zurückzuführen ist. Aus den zum Teil schlechten Erfahrungen, die mit den Königen Israels und Judas gemacht wurden, erwuchs im Spätjudentum die Erwartung, dass ein künftiger Gesalbter, ein Messias, als König herrschen würde, der Israel wiederherstellt und ihm Heil bringt. Hier klingt ein Verständnis an, den Messias politisch und national zu verstehen. Von da aus wird ein solcher Messiaskönig auch an das modellhafte Königtum Davids angebunden: Ein Spross Davids soll kommen und eine neue Herrschaft, dieses Mal eine Herrschaft des von Gott kommenden Heils, übernehmen. In späterer Zeit wurde dieser Messias auch mit der endzeitlichen Gestalt des Menschensohnes verknüpft. Zur Zeit Jesu waren im Volk messianische Erwartungen sehr lebendig – dies konnte auch Unruhe mit sich bringen.

Den Gedanken, dass der erwartete Messias ein Heilsbringer sein würde, konnte man leicht mit Jesus in Beziehung bringen. So wird in den Evangelien immer wieder die Frage an Jesus herangetragen, ob er der kommende Messias ist. Jesus verhält sich dazu in auffallender Weise: Zum einen bezieht er durchaus messianische Erwartungen auf seine Person, sein Wirken (etwa sein Weg nach Jerusalem und sein Handeln in prophetischen Zeichen) konnte durchaus messianisch verstanden werden. Auf der anderen Seite aber lehnte er den Messiastitel für sich entschieden ab. Dies ist einsichtig, weil dieser Titel leicht in dem davidisch-politisch-nationalen Sinn missverstanden werden konnte, ja sogar weithin missverstanden werden musste. Dagegen wandte sich Jesus vehement (etwa Lukas 20,41: »Wie kann man behaupten, der Messias sei der Sohn Davids?«).

Erst die christlichen Gemeinden hatten nach Leiden und Sterben Jesu mit diesem Titel weniger Probleme: Ein Gekreuzigter konnte nicht länger als politischer Messias gedeutet werden. Zudem ließ sich mit dem Begriff des Messias, des Christus, eine weitere Linie jüdischer Tradition verbinden, die die Person Jesu in herausragender Weise erläutern konnte: Es gibt eine Vorstellung von einem prophetischen Messias, von einer Gestalt, die keineswegs mit David und damit mit einem politischen Königtum verbunden werden musste: »Er wird auftreten und der Hirt Israels sein in der Kraft des Herrn, im hohen Namen Jahwes, seines Gottes« (Micha 5,3). Vom Geist Gottes erfüllt wird dieser Messias zum Licht aller Völker (Jesaja 42,6). Er ist der Knecht Gottes, durch den sich

> Ja, Herr, ich glaube, dass du der Messias bist, der Sohn Gottes, der in die Welt kommen soll.
>
> *Johannes 11,27*

Gott verherrlicht (Jesaja 49,3), der »Freudenbote, der Frieden ankündigt, der eine frohe Botschaft bringt und Rettung verheißt« (Jesaja 52,7).

Dieser Messiasprophet ist Knecht Gottes, wird als der leidende Gerechte gedeutet, ist aber auch Sohn Gottes, sein Kind. Auf ihn passt das, was das spätjüdische Buch der Weisheit (Salomos) wie folgt beschreibt: »Ist der Gerechte wirklich Sohn Gottes, dann nimmt sich Gott seiner an und entreißt ihn der Hand seiner Gegner« (Weisheit 2,18). In einem solchen Text wird ein Modell vorgestellt, Jesus als den Messias zu deuten, zugleich sein Leiden und Sterben und seine Auferweckung und Erhöhung einzuordnen.

Bereits vorösterlich konnten Menschen, die Jesus begegneten, fragen, ob der Messiastitel zu ihm passt. Nachösterlich wird dieser Titel zur wichtigsten Interpretationsmöglichkeit, in der sowohl die Stellung Jesu zu Gott als auch sein Sterben und Auferstehen gedeutet werden konnten. Ja, durch Kreuz und Auferstehung wird das politisch-nationale Missverständnis vermieden und eine neue Sicht möglich. Erst nach Ostern konnten deshalb auch Traditionen eines davidischen Messiastums in einer sekundären Weise mit Jesus verbunden werden. Dies klingt zum Beispiel in den Kindheitsgeschichten an, in denen Jesus als »Sohn Davids« gekennzeichnet wird.

Wichtig ist beim Begriff des Messias, der in der griechischen Form zum Ehrentitel Jesu und gleichsam zu seinem theologischen Eigennamen wurde, dass im Messias das Handeln Gottes für die Menschen ausgedrückt wird. Der Messiasbegriff bedeutet letztlich nichts anderes, als dass Gott in und durch einen konkret fassbaren Menschen zum Heil der Menschen handelt. Auch in diesem Titel klingt also an: Jesus ist Gottes Heil für die Menschen.

Während der Messias-Titel in seiner griechischen Fassung als »Christus« gleichsam zu einem Eigennamen des erhöhten Jesus wurde, ist die Wirkung des Titels »Sohn Gottes« auf die Geschichte und das Bekenntnis der Christen noch tiefgehender. Aus ersten, aber im Neuen Testament bereits fassbaren Anfängen, den Begriff »Sohn Gottes« über die bisherige jüdische Tradition hinaus zu verstehen, ergab sich ein Prozess, der hin zu den späteren dogmatischen Aussagen der großen Konzilien des 4. und 5. Jahrhunderts führt (vgl. das folgende Kapitel). Das Bekenntnis zu Jesus als Sohn Gottes und als zweite Person des einen Gottes ist seitdem das, was das Christentum von anderen monotheistischen Religionen (vor allem vom Judentum, aber auch vom Islam) trennt. An diesem Bekenntnis zu Jesus unterscheiden sich die Geister.

Doch was war der Ausgangspunkt, von dem aus man zu der Bezeichnung Jesu als Sohn Gottes kam? Das Alte Testament geht recht unbefangen mit der Bezeichnung Sohn Gottes in einer dreifachen Weise um: Zum einen kann das Volk Israel gemeint sein (etwa Hosea 11,1: »Als Israel jung war, gewann ich ihn lieb, ich rief meinen Sohn aus Ägypten«), zum anderen der König, der das Volk repräsentiert (etwa 2. Samuel 7,14: »Ich will für ihn Vater sein, und er wird für mich Sohn sein«). Daraus erwächst dann in späterer Zeit, als es keinen jüdischen König mehr gab, der Gebrauch des Wortes für jeden Israeliten, der den Bund mit Gott einhält (etwa Jesus Sirach 4,10: wenn du das und das tust, »dann wird Gott dich seinen Sohn nennen, er wird Erbarmen mit dir haben und dich vor dem Grab bewahren«).

An diese jüdischen Traditionen konnte das Neue Testament anknüpfen. Doch es führte schon bald darüber hinaus, weil es diesen Titel zuerst mit der Auferweckung Jesu von den Toten verband, dann aber immer mehr sein ganzes Leben und Wirken von diesem Begriff her verstehen konnte.

In Jesu Sprachgebrauch taucht der Begriff »Sohn Gottes« nicht auf, wohl aber in Bekenntnissen, die von außen an ihn herangetragen werden, sei es durch Jünger (Petrusbekenntnis, Matthäus 16,16), durch Dämonen, die aus Kranken ausfahren (Lukas 4,41), durch den römischen Hauptmann unter dem Kreuz (Markus 15,39) oder gar durch Gott selbst anlässlich der Taufe und der Verklärung Jesu. Durch diesen Befund wird deutlich, dass der Titel Sohn Gottes ein Deutungsversuch ist, der von verschiedenen Seiten aus auf das irdische Leben Jesu zurückgreift und es als Grundlage hat (etwa im Blick auf seine Heilungen), aber erst nachösterlich zugeordnet werden kann. Erst nach Ostern wird unmissverständlich deutlich, dass die Vollmacht Jesu von Gott kommt – dies deshalb, weil Gott seinen Christus, sein Leben und sein Handeln, bestätigt. Die Bezeichnung Jesu als Sohn Gottes hat also zu Beginn damit zu tun, dass das Wirken Jesu als »göttliches Handeln« verstanden wurde: In Jesus ist Gott in unübertrefflicher Weise wirksam. In Jesus scheint Gott in bisher nicht gekannter Weise auf. In Jesus begegnet Gott in neuer Weise. Dies rechtfertigt einen Gebrauch des traditionellen Titels in einer neuen, übersteigenden Weise.

Dabei tastet sich das Neue Testament Schritt für Schritt vor: Der Römerbrief spricht noch davon, dass Jesus erst in seiner Auferstehung zum Sohn Gottes wird (Römer 1,3-4: »das Evangelium von seinem Sohn, der dem Fleisch nach geboren ist als Nachkomme

Davids, der dem Geist der Heiligkeit nach eingesetzt ist als Sohn Gottes in Macht seit der Auferstehung von den Toten«). Die synoptischen Evangelien verlegen diese Sohnschaft Jesu bereits an den Beginn des öffentlichen Lebens Jesu: Markus und Matthäus tun dies im Blick auf die Taufe Jesu (Markus 1,11: »Du bist mein geliebter Sohn«); für Lukas ist dies sogar bereits seit der Geburt Jesu erkennbar (Lukas 1,35: »Deshalb wird auch das Kind heilig und Sohn Gottes genannt werden«).

An solchen Stellen geht es immer noch um eine Zuordnung dieses Titels zum Wirken Jesu. Der Sohn erscheint als Bild, Offenbarung, Erscheinung des Vaters, zeigt die Macht und Herrlichkeit Gottes und wirkt aus Gottes Kraft heraus. Es geht um die göttliche »Funktion« Jesu, die in seinem Leben aufscheint. Doch immer mehr wird aus solchen Vorstellungen die Überlegung, dass Jesus nicht allein als Sohn Gottes in die Welt gesandt wurde, um Heil zu bringen, sondern dass Sohn Gottes eine Wesensbeschreibung für Jesus ist. Hier geht das Johannesevangelium entscheidende Schritte weiter, etwa wenn Thomas sich zum Auferstandenen bekennt: »Mein Herr und mein Gott!« (Johannes 20,28). An vielen Stellen reflektiert das Johannesevangelium nicht nur die Funktion Jesu als Sohn Gottes, sondern die Wesenseinheit zwischen Jesus, dem Sohn, und seinem Vater. Hier allerdings ist Jesus immer noch dem Vater untergeordnet, es liegt eine hierarchische Ordnung zwischen Vater und Sohn vor (Johannes 14,28: »Der Vater ist größer als ich«).

Weitere neutestamentliche Schriften bringen diesen Prozess einer Reflexion weiter voran. Der von Schülern des Paulus geschriebene Kolosserbrief sagt etwa: »In Christus wohnt wirklich die ganze Fülle

Gottes« (Kolosser 2,9). Und im 1. Johannesbrief heißt es: »Der Sohn Gottes ist gekommen ... Er ist der wahre Gott und das ewige Leben« (1. Johannes 5,20).

Diese Reflexion über das Verhältnis Jesu zum Vater, das mit dem Begriffspaar Vater – Sohn ausgedrückt wurde, hatte eine weitere Folge. Während man bisher Jesus in einer Bewegung der Erhöhung sah, ein Aufsteigen des Menschen Jesus durch die Auferweckung zum erhöhten Herrn bekannte, konnte man nun auch den umgekehrten Weg gehen: Gott selber steigt in Jesus zum Menschen hinab, bewegt sich auf den Menschen zu – der Sohn Gottes wird Mensch. Von hier aus war es nur ein kleiner Schritt, Jesus als Sohn Gottes bereits vor seiner Geburt zu verstehen: Jesus ist der präexistente (d.h. bereits vor seiner Geburt bei Gott und als Gott existierende) Sohn. Im Prolog (im Anfangs-, Überschriftsteil) des Johannesevangeliums spielt dieser Gedanke eine wichtige Rolle.

Doch – überraschender Weise – taucht diese Vorstellung auch in sehr frühen Texten auf, etwa in einem Hymnus, den bereits Paulus gekannt und in den Philipperbrief aufgenommen hat: »(Christus) war Gott gleich, hielt aber nicht daran fest, wie Gott zu sein, sondern er entäußerte sich ... Darum hat Gott ihn über alle erhöht ... damit jeder Mund bekennt: Jesus Christus ist der Herr« (aus Philipper 2,6-11). In diesem Text wird das Abstiegsmodell mit dem Aufstiegsmodell einer Deutung Jesu verbunden. Jesus, der Christus, Gottes Sohn, steigt herab und wird Mensch bis zum Tiefpunkt, dem Tod am Kreuz. Doch Gott erhöht ihn erneut und macht ihn zum Herrn über alles. Diese Vorstellung von Jesus als dem präexistenten, irdisch erfahrbaren und zugleich als erhöhten Herrn bekannten Sohn prägt den gesamten weiteren Verlauf, Jesus zu verstehen und einzuordnen.

Wer ist dieser?

Diese Frage ist die Ausgangsfrage, der sich alle Schriften des Neuen Testaments in unterschiedlicher Weise widmen. Wer ist dieser Jesus aus Nazaret, dessen Predigt so faszinierte, dessen Taten wunderbare Zeichen waren, dessen Tischgemeinschaft Menschen ohne Unterschied umfasste, der am Kreuz starb und von dem seine Jüngerinnen und Jünger bekannten, dass sie ihn nach dem Tod als Lebenden erfahren haben? Diese Frage ist auch die Frage von Menschen aller Zeiten und Kulturen, kann und soll auch heute immer wieder unsere Frage sein.

Das Neue Testament gibt auf diese Fragen einen Fächer von Antworten. Unterschiedliche Deutungsversuche, die ihren Ursprung weithin in jüdischen Traditionen haben, die aber dann neu und weiter bedacht werden, setzen verschiedene Akzente, greifen Unterschiedliches aus dem Leben Jesu und aus der Begegnung mit ihm auf und entwerfen so ein Gesamtbild, bei dem die verschiedenen Titel, Bildworte und Namen wie Mosaiksteine ineinandergreifen: Jesus – Prophet, Menschensohn, Messias, Sohn Gottes, aber auch Licht der Welt, Brot für alle, lebendiges Wasser, Tür zum Vater, Weg, Weinstock, Hirte und vieles andere mehr.

Solche Namen versuchen zum einen, das Verhältnis Jesu zu Gott näher zu bestimmen – bei allen Schwierigkeiten, die man sprachlich und gedanklich mit dieser Aufgabe haben musste; menschliches Verständnis kann sich dem nur annähern und reicht für ein volles Verstehen nicht aus. Zum anderen aber wird bei all diesen Namen immer wieder deutlich, was Jesus für die Menschen ist, was seine »Funktion« für uns ist: Jesus bringt Heil von Gott her.

Die Reflexionen des Neuen Testaments und dann auch die späterer Zeiten ebenso wie die daraus resultierenden Namen und Deutungen Jesu gewinnen ihren Wert dadurch, dass sie eher tastend als wissend, eher umschreibend als definierend, eher bildhaft als begrifflich auf die Frage antworten, wer dieser Jesus war. Nur deshalb haben diese Überlegungen auch heute eine Bedeutung: Sie können auch uns einen Zugang zu Jesus eröffnen – oder besser: verschiedene Zugänge, die ein Gesamtbild ergeben.

Jesus als der endzeitliche Prophet, das kann bedeuten: Jesus fordert auch uns zu einem vor Gott verantwortlichen Leben heraus, zu einer Lebensweise, die dem Willen Gottes (der jüdischen Thora, allerdings in der verschärften Sichtweise Jesu) entspricht. Jesus als Menschensohn erinnert daran, dass die Welt und das Leben darin, auch unser Leben, einem Ziel zugeht, das Gemeinschaft mit Gott heißt, das man aber auch verfehlen kann. Jesus als Messias, als Christus, deutet Jesus als Heilsbringer, der alle einschließt, und macht deshalb darauf aufmerksam, dass eine Gemeinschaft mit Gott ohne Gemeinschaft zwischen den Menschen nicht möglich ist – mit allen Konsequenzen, die dies für das konkrete Leben hat. Jesus als Sohn Gottes, das ist der Kern christlicher Botschaft: Gott kommt dem Menschen entgegen, wendet sich ihm in Jesus zu, wird in Jesus erfahrbar, lässt Begegnung und Nähe zu. Und dies geschieht, um Menschen Erbarmen, Heil, Versöhnung und umfassenden Frieden (Schalom) zuzusprechen – Erlösung von Gott her in Jesus.

> Das göttliche Wort ist Mensch geworden, damit wir von einem Menschen lernen können, wie ein Mensch vergöttlicht werden kann.
>
> *Clemens von Alexandrien*

Gott auf dem Gesicht aller Menschen

gott
seitdem jesus
in betlehem am rand der welt
zur welt kam und heranwuchs
säugling war und junge war und 33 war
und er alles
was wir dachten und redeten und taten
in frage stellte

seitdem ist unsere erde
wie umgepflügt
alles hat einen neuen glanz
denn du gott
scheinst aus allem heraus
aus dem größten dreck
aus dem ärmsten stall
aus dem leersten stroh

du gott
auf dem gesicht aller menschen
auf dem gesicht der alten und jungen
du gott
auf dem gesicht der kinder
der schwarzen und weißen
der gelben und roten

seit betlehem ist
jeder mensch
eine lebendige monstranz
deiner schönheit gott

gott
lass die ehrfucht
vor jedem menschen in uns wachsen
amen!

Wilhelm Willms

Jesus – Gott und Mensch

Die Frage »Wer ist dieser?« bewegte Menschen im Blick auf Jesus seit der ersten Zeit. Dabei war der Ausgangspunkt unterschiedlicher Deutungen Jesu, so haben wir in den beiden vorangegangenen Kapiteln gesehen, die jüdische Gedankenwelt vor dem Hintergrund des Alten Testaments und vor allem spätjüdischer Vorstellungen. Wie Jesus aus dem Judentum und dem jüdischen Glauben gelebt hat, so erwuchsen die ersten Ansätze, ihn zu deuten, ebenso aus dieser jüdischen Gedankenwelt (etwa Menschensohn, Messias ...), auch wenn schon früh heidenchristliche Kreise (etwa bereits in den Gemeinden des Paulus) Einfluss auf die Geschichte der jungen Christenheit und ihrer »Selbstdefinition« gewannen.

Mit der Trennung der christlichen Kirche von der jüdischen »Mutterreligion« und mit einer zunehmenden Verlagerung der christlichen Gemeinschaften in den Mittelmeerraum wurden neue Fragen nach Jesus, dem Christus Gottes, aktuell: Wie konnte man seine Gestalt mit anderen als den jüdischen, nämlich mit griechischen Begriffen und Vorstellungen erläutern? Wie konnte man in einem neuen gesellschaftlichen Umfeld die »alte« Botschaft von Jesus verständlich und glaubwürdig ausdrücken? Dies ist eine Grundfrage jeder Vermittlung von christlichem Glauben bis in unsere Zeit geblieben, im abschließenden Kapitel werden wir darauf zurückkommen.

In der Verfolgungszeit der ersten Jahrhunderte (bis zum Toleranzedikt von Mailand 313 durch Kaiser Konstantin) konnte man solchen neuen Überlegungen allerdings nicht viel Raum gewähren. Zwar gab es auch im zweiten und dritten Jahrhundert eine Reihe von Ansätzen, die Bedeutung und Stellung Jesu neu auszudrücken, doch gewann die Diskussion über Jesus erst ab Beginn des vierten Jahrhunderts eine neue Schärfe, die zu einem ersten Höhepunkt im Konzil von Nizäa (325) führte. Es war eine Auseinandersetzung, bei der die beiden größten theologischen Schulen der damaligen Zeit (Alexandria in Ägypten und Antiochia in Syrien) eine wesentliche Rolle spielten. Ebenso aber fand die Diskussion um Jesus Interesse in einer breiten Schicht der nun zunehmend christianisierten Bevölkerung. Es ging schließlich um nichts anderes als um die existenzielle Frage: Wer ist Jesus für uns?

Worum ging es in den großen christologischen Auseinandersetzungen und Klärungen des vierten und fünften Jahrhunderts (etwa in der Zeit vom Konzil von Nizäa, 325, bis zum Konzil von Chalzedon, 451)? Vor allem drei Fragen prägten die Diskussion:

- *Wie ist das Verhältnis Jesu zu Gott, dem Vater?*
- *Wie ist das Verhältnis Jesu zum Menschen?*
- *Wie verhalten sich Göttlichkeit und Menschlichkeit Jesu zu einander?*

Diese Fragen wurden in komplexer und differenzierter Form behandelt. Dabei wurde die griechische Begrifflichkeit und Philosophie als eine neue sprachliche Dimension eingebracht. Uns heute erscheinen die damaligen Auseinandersetzungen als äußerst komplizierte und sprachlich kaum fassbare Spekulationen, die uns aufgrund unserer wiederum anderen Sprach- und Denkwelt kaum noch zugänglich sind. Dennoch ging es mit den drei Fragen letztlich immer um die Grundfrage nach Jesus und seiner Bedeutung für uns.

Erste Versuche neuer Wege

Noch vor dem Konzil von Nizäa gab es erste, eher tastende neue Versuche, Jesus zu deuten. Dabei war vor allem die Frage des Verhältnisses Jesu zum Vater wichtig. Bereits in den späteren Schichten des Neuen Testaments hatten solche Reflexionen eine wichtige Rolle gespielt. Nunmehr »probierte« man eine Reihe von Möglichkeiten aus, das Verhältnis Jesu zum Vater näher zu bestimmen. Aus der aufgrund solcher Neuansätze entstehenden Diskussion ergaben sich dann immer weiterführende Klärungen, die ein besseres Verständnis ermöglichten. Doch es kam auch immer wieder zu Abspaltungen nicht nur theologischer Schulen, sondern auch christlicher Gemeinden, die einer neu gefundenen »Hauptlinie eines Christusverständnisses« nicht folgen wollten.

Einige der neuen Wege in kurzer Weise dargestellt:

- *Adoptianismus:* Jesus ist voll und ganz Mensch. Erst bei der Auferstehung oder schon früher bei seiner Taufe wird er von Gott adoptiert, als Kind angenommen. So erhält er Anteil an Gott. Manche Kreise sahen den Grund der »Adoption« Jesu auch darin, dass Jesus in besonderer Weise das jüdische Gesetz beachtet hatte und sich deshalb die Adoption durch Gott gleichsam verdiente. Der Adoptianismus kann auf Ansätze im Neuen Testament verweise, etwa auf Apostelgeschichte 5,31: »Gott hat ihn zum Herrn und Messias gemacht, diesen Jesus, den ihr gekreuzigt habt.«
  Doch muss gefragt werden, ob solche Bekenntnisformeln einer Einsetzung des Messias wirklich etwas über das *Wesen* dieses Jesus aussagen. Wird

an solchen Stellen nicht nur über eine öffentliche Proklamation gesprochen, aber nicht über das innere Verhältnis Jesu zu Gott?

- *Monarchianismus:* Gott Vater wird Jesus wie ein König, ein Monarch, in jeder Weise übergeordnet. Dabei kann der Mensch Jesus mit einer besonderen göttlichen Kraft ausgestattet sein oder er ist eine besondere Erscheinungweise des Vaters. Auf diese Weise konnte die Transzendenz Gottes, gewahrt bleiben, er vermischt sich nicht mit Menschlichem, sondern bleibt der ganz Andere, uns Unerreichbare. An diese Deutung schließt später der Subordinatianismus mit Arius (s. u.) an.
  Doch wurde dieser Deutung gegenübergestellt, dass Jesus das »wahre Wort Gottes an die Menschen ist«. Er musste mehr sein als nur ein Mensch, begabt mit einer besonderen göttlichen Kraft.
- *Doketismus:* Eine andere Spielart der Spekulation war, das Menschsein Jesu zu bestreiten. Jesus hat nur einen menschlichen Scheinleib gehabt (griechisch »dokein« = »scheinen«). Er sei Gott gewesen und habe nur zum Schein am Kreuz gelitten. Ein göttliches Wesen kann zudem nicht mit einem menschlichen eine wirkliche Verbindung eingehen. Dieser Deutung steht die neutestamentliche Botschaft vom Menschen Jesu entgegen. Auch der zentrale Glaubensbestand von Jesu Kreuz und Auferstehung ist dann nicht mehr haltbar.
- *Dualismus:* Jesus sei nicht eine Person gewesen, sondern zugleich ein göttliches, vom Himmel herabgestiegenes Wesen und ein wirklicher Mensch. Beide sind eine nur äußere, nicht innere Verbindung eingegangen. Diese Deutung hat als Hintergrund antike Vorstellungen von einem Dualismus von Gut und Böse, von Gott und Mensch, die in

späterer Zeit zu so genannten *gnostischen* Strömungen ausgeprägt wurden.
Bei diesem Versuch wird die Einheit Jesu bestritten, eine neutestamentlich nicht haltbare Vorstellung. Gott »offenbart« sich so nicht mehr im Menschen, sondern bleibt von ihm getrennt.

Diese und andere Wege, Jesus neu zu deuten, wurden dann von einem Priester aus Alexandria, *Arius*, konkretisiert. Sein Weg eines Subordinatianismus führte zu einer ersten grundsätzlichen Klärung auf dem Konzil von Nizäa.

Jesus: wahrer Gott

Arius versteht Jesus ausschließlich als Mensch, als Geschöpf Gottes, wohl aber als das höchste Geschöpf, das in der Lage ist, zwischen dem Schöpfer und seinen Geschöpfen zu vermitteln. Von seinem Wesen her *ist* Jesus nicht Gott, denn Gott ist dem Menschen so fern, dass eine wesensmäßige Verbindung von Gott und Mensch nicht möglich ist. Jesus wird als der Logos bezeichnet, er ist nicht *Sohn* Gottes, sondern dem Vater untergeordnet (lateinisch: »sub« = »unter«). Die Lehrrichtung des Arius wird deshalb in der Geschichte der Theologie *Subordinatianismus* genannt.

Athanasius der Große, Bischof von Alexandrien, hat sich mit Macht gegen Arius gewandt. Jesus ist für ihn »Sohn Gottes, wahrer Gott vom wahren Gott, wesenseins mit dem Vater. Dieser wahre Gottessohn, der vom Vater gezeugt, nicht geschaffen wurde, ist zum Heil der Menschen auf die Erde herabgestiegen und Mensch geworden«.

Diesem Verständnis folgte das Konzil von Nizäa (325) und setzte damit einen ersten klärenden Markierungspunkt der christologischen Auseinandersetzungen. Dabei ging es dem Konzil ebenso wie Athanasius nicht um theologische Spekulation, sondern um ein Bekenntnis zu Jesus. Damit die neutestamentliche Aussage »Jesus ist Heil von Gott für die Menschen« aufrecht gehalten werden kann, wird der Sohn Gottes vom Konzil nicht auf die Seite der Geschöpfe gestellt, sondern voll und ganz auf die Seite Gottes. Er ist wesenseins mit dem Vater.

Anders als die frühen, neutestamentlichen Versuche, Jesus mit aus alttestamentlicher Tradition stammenden Begriffen wie »Sohn Gottes« zu deuten, geht es hier nicht länger allein um die »Funktion Jesu«, um sein heilsbringendes Wirken für uns. Nunmehr wird auch versucht, das Wesen Jesu in sich zu definieren. Dennoch bleibt auch die Lehre von der wahren Gottheit Jesu ausgerichtet auf den Menschen und sein Heil: Nur wenn Jesus ganz Gott ist, kann er den Menschen göttliches Heil zusprechen.

Die Folge der Konzilsentscheidung war unter anderen, dass die liturgische Bestätigung einer göttlichen Verehrung Jesu bestätigt wurde. Das auf dem ersten Konzil von *Konstantinopel* (381) endgültig formulierte Glaubensbekenntnis, das noch heute die Grundlage des Bekenntnisses aller christlichen Kirchen darstellt, gibt davon Zeugnis.

(Wir glauben) an den einen Herrn Jesus Christus, Gottes eingeborenen Sohn ... Gott von Gott ... eines Wesens mit dem Vater ... Für uns Menschen und zu unserm Heil ist er vom Himmel gekommen, hat Fleisch angenommen ...

Glaubensbekenntnis von Nizäa-Konstantinopel

Doch vor dem Konzil ist nach dem Konzil. Mit dem Bekenntnis von Nizäa und Konstantinopel waren die christologischen Auseinandersetzungen nicht beendet. Durch die hohe Betonung, die das nizäno-konstantinopolitanische Glaubensbekenntnis der Gottheit Jesu zusprach, wurde die Frage nach seinem Menschsein in neuer Weise aktuell: Wenn Jesus voll und ganz Gott ist, wesenseins mit dem Vater, kann er dann überhaupt noch ein richtiger Mensch sein? Ein neuer Streit entzündete sich an einem Punkt, der von außen eher nebensächlich erschien, hinter dem aber die Grundsatzfrage nach Christus steckt: Konnte man Maria wirklich einfach als Mutter Jesu bezeichnen, oder musste man sie nicht eher »Gottesgebärerin« nennen? War ein solcher Begriff überhaupt erlaubt – konnte Gott von einem Menschen geboren werden? Wäre die Bezeichnung »Christusgebärerin« nicht angemessener?

Nestorius, Patriarch von Konstantinopel, der Hauptstadt des Reiches, bestritt zusammen mit der antiochenischen Theologenschule eine wesenhafte Einigung von Gottheit und Menschheit in Jesus. In Jesus bleiben Gottheit und Menschheit dauerhaft getrennt. Nestorius sah keine Möglichkeit, das Verhältnis von Gott und Mensch in anderer Weise als in einer bleibenden Trennung auszudrücken.

Gegen Nestorius und die Antiochener argumentierten vor allem der Kirchenlehrer *Cyrill* und seine alexandrinische Schule. Für diese theologischen Lehrer sind Gottheit und Menschheit in Christus zu einer wesenhaften Einheit verschmolzen. Es gibt eine personhafte Einigung beider Naturen. Hiermit werden zuerst die aus der griechischen Philosophie stammenden Begriffe »Person« und »Natur« eingebracht, um die grundlegende christologische Frage zu klären: Christus ist eine Person, aber mit zwei Naturen, einer göttlichen und einer menschlichen.

Das Konzil von *Ephesus* (431) folgte dieser Vorstellung und verurteilte Nestorius. Dessen Lehre allerdings ging ebenso wie die des Arius nicht unter, sondern spielte in der Folge weiter im Osten, später bis hin nach China, eine Rolle. Dort gab es nestorianische Christen in den westlichen Landesteilen, bis der vordringende Islam diesen Gemeinschaften ein Ende machte.

Jesus: Gott und Mensch zugleich

Die ersten Formulierungen des Konzils von Ephesus zur Gottheit und Menschheit Jesu mit den Begriffen von Person und Natur fanden nicht überall Zustimmung. Ein Mönch Eutyches in Konstantinopel etwa sah die Glaubensformel des Konzils als einseitige Betonung der menschlichen Seite Jesu an, also als eine versteckt nestorianische Formulierung. Er setzte dem gegenüber, dass vor einer Vereinigung zwar zwei Naturen, die göttliche und die menschliche, bestanden, nach der Vereinigung in Christus aber nur noch eine (griechisch: »mono physis« = »eine Natur«). Seine Lehre, die in der Folge von anderen weiter ausgebaut wurde, wird deshalb als *Monophysitismus* bezeichnet.

Das Konzil von *Chalzedon* (451) verurteilte diese Auffassung und versuchte eine Kompromissformel, durch die die christologischen Auseinandersetzungen beendet werden sollten. Das Suchen nach angemessenen Begriffen für das Wesen Jesu und sein Verhältnis zu Gott und zum Menschsein sollte beendet werden. Dabei griff das Konzil auf den Kirchenlehrer Cyrill und das Konzil von Ephesus zurück und formulierte in einer abschließenden Weise:

> »Den heiligen Vätern folgend, lehren wir alle einhellig, dass man bekennen muss: Ein und derselbe Sohn, unser Herr Jesus Christus, ist vollkommen in der Gottheit und derselbe vollkommen in der Menschheit, wahrer Gott und wahrer Mensch, mit Geistseele und Leib, gleichen Wesens mit dem Vater und der Gottheit nach, gleichen Wesens mit uns, der Menschheit nach, in allem uns gleich außer der Sünde, vor aller Ewigkeit aus dem Vater geboren der Gottheit nach, in den letzten Tagen aber für uns und um unseres Heiles willen geboren aus Maria, der Jungfrau und Gottesmutter, der Menschheit nach ...«

Mit aus der griechischen Begrifflichkeit stammenden Worten (Person, Natur) war auf einem langen und schwierigen Weg eine Klärung versucht worden, die der damaligen Denkweise entsprach. Diese Präzisierungen des Bekenntnisses zu Jesus haben zu einer Festlegung geführt, die bis in unsere Zeit (vgl. das Glaubensbekenntnis) Bestand hat und viele Aspekte des Lebens und der Bedeutung Jesu für die Menschen in neuer, jüdisches Denken übersteigender Weise ausgedrückt hat. Das monophysitische Bekenntnis allerdings hat bis heute seinen Platz in der ägyptisch-koptischen und in der äthiopischen Kirche.

Für uns bleibt zu fragen, ob es nicht in unserer Zeit weitere, nunmehr unserer Sprach- und Denkweise entsprechende Klärungen und Präzisierungen des Jesusbekenntnisses geben muss. Dem wendet sich das folgende, abschließende Kapitel zu.

Die entscheidende Frage (Markus 8,27-30)

Als Jesus einmal in der Einsamkeit gebetet hatte und die Jünger sich wieder um ihn scharten, fragte er sie: »Für wen halten mich die Leute?« Sie gaben ihm zur Antwort: »Für Johannes den Täufer«, »für einen Elija«, »ja, sie sagten: einer der alten Propheten ist wiedergekommen!« – »Jedenfalls halten sie dich für einen ganz bedeutenden Menschen. Sie sagen: Jesus, das ist ein wirklich guter Mensch, ein Vorbild für alle. So ein Lehrer der Humanität wie Sokrates zum Beispiel oder Goethe oder Gandhi, sagen sie. Manche bezeichnen dich auch als einen großen Sozialreformer ... Ein Revolutionär der Liebe, so hat dich einer genannt!« –

»Und ihr?«, fragte er weiter, »was sagt ihr von mir?« Da gab Simon Petrus zur Antwort, und man merkte gleich, er hatte inzwischen seinen Rahner wohl studiert. »Du bist, wie die Kirche es gegen alle Missbildungen und Verkürzungen besonders in Richtung auf eine bloße Gesinnungseinheit mit Gott entfaltete und zumal auf den frühen Konzilien von Ephesos und Chalkedon formulierte, die zweite Person der Heiligen Dreifaltigkeit, der Sohn des Vaters, der Logos mithin, sein göttliches Wort, das von Ewigkeit her im Besitz des vom Vater mitgeteilten einen göttlichen Wesens ist, das in der Zeit aus Maria eine menschliche Natur als vollendet eigene Wirklichkeit angenommen hat, so dass du in der Einheit derselben göttlichen Person eine göttliche und eine menschliche Natur unvermischt und ungetrennt besitzt und als derselbe also wahrhaft als Gott und Mensch zu glauben und zu bekennen bist.« –

Er war ein bisschen außer Atem, der Simon Petrus, als er das gesagt hatte, aber es war ein großartiges Bekenntnis. Es schien ihm freilich, als ob Jesus ein wenig lächelte. Auf jeden Fall verbot er den Jüngern streng, dies irgend jemand zu sagen.

Lothar Zenetti

Jesus – Heil für uns heute

Die alten und schwierigen Formulierungen der großen Konzilien des vierten und fünften Jahrhunderts geben Anlass zur Frage: Kann dieses Bekenntnis für Menschen heute weiterhin maßgebend sein? Sind diese alten Formulierungen und Begriffe, die aus einer griechischen Philosophiesprache mit den im Neuen Testament gesammelten Glaubenserfahrungen der ersten Zeit verbunden wurden, für uns heute noch lebbar und »bekennbar«? Haben die alten Bekenntnisse also für uns heute irgendeine Relevanz, und wie helfen sie unserem Leben auf?

Es war in der damaligen Zeit nicht nur legitim, sondern für die Einbettung des christlichen Glaubens in eine neue, griechisch-römisch geprägte Umwelt nötig, die Grundfrage nach Jesus und seinem Verhältnis zu Gott und den Menschen aus der Begrifflichkeit der damaligen Zeit heraus zu stellen und nach einer Antwort zu suchen, die der Person Jesu angemessen war – entsprechend der damaligen Möglichkeiten und Notwendigkeiten. Sicher aber ist auch, dass wir heute mit diesen Aussagen deshalb Schwierigkeiten haben, weil nicht allein unsere Gesellschaft, sondern auch unser Denken und Sprechen grundlegend anders geworden sind.

Deshalb muss es heute ebenso legitim und nötig sein, die Suche nach Christus und einer angemessenen Redeweise über ihn in neuer Weise fortzusetzen, nach neuen Bildern, Titeln und Beschreibungen Jesu Ausschau zu halten. Wir brauchen eine »suchende Christologie«, die die »alten« Christologien nicht verwirft, sondern sie entsprechend den Gegebenheiten und Bedingungen unserer Zeit fortführt und neu formuliert. Wir können auf den Erfahrungen der Jünger mit Jesus als dem Lebenden ebenso aufbauen wie auf den Deutungsversuchen Jesu als den Christus Gottes im Neuen Testament – aber auch auf den klärenden Präzisierungen der theologischen Entwürfe in der Zeit des vierten und fünften Jahrhunderts (wie auch anderer, in diesem Buch nicht behandelter Ansätze in späterer Zeit). Was also können Wege sein, die eine Christologie unserer Zeit gehen kann – nicht in der Ausschließlichkeit eines einzigen Weges, sondern in der gegenseitigen Bereicherung vieler Wege, denn »ein so großes Geheimnis kann unmöglich nur auf einem Weg erreicht werden«?

Bei dieser suchenden Christologie unserer Zeit gehen wir unterschiedliche Schritte:

- Zuerst machen wir uns einseitige und irreführende Jesusbilder bewusst, die viele Menschen beeindrucken, aber nicht mit dem übereinstimmen, was wir bisher zur Person Jesu bedacht haben.
- Ein Blick von »außen« auf Jesus ergibt eine neue Perspektive: Was denken und sagen Vertreter anderer Weltreligionen über Jesus, besonders Mitglieder jüdischen Glaubens?
- Neue theologische Strömungen, aber auch Akzente moderner Literatur und Kunst können nur stichwortartig aufgeführt werden.
- Wichtiger ist uns nämlich ein neuer Ansatz mit verschiedenen Jesusbildern, die vielleicht (oder hoffentlich) geeignet sind, uns die faszinierende Gestalt Jesu neu vor Augen zu stellen.

In unserer »suchenden Christologie« geht es uns in neuer Weise um die alte Frage: Wer ist Jesus für uns?

Wege, die in die Irre führen

Bei der Suche nach neuen Wegen und Antworten auf wesentliche Fragen kann es hilfreich sein, zuerst als Kontrast eine Negativfolie zu zeichnen. Das bedeutet für unseren Blick auf Jesus: Wir können in einer gewissen karikierenden Überzeichnung Deutungen Jesu vorstellen, die in unserer Gesellschaft vorhanden sind (oft sogar in hohem Maß), die aber dem bisher Erarbeiteten zu Jesus widersprechen. Einige solcher einseitigen oder gänzlich falschen Jesusbilder sind etwa:

- *Der Notfall-Jesus:* Jesus ist nur dann gefragt, wenn man in irgendeiner Not und Gefahr ist. Dann muss er schnell und zuverlässig helfen, und man ist verärgert, wenn das nicht geschieht. Jesus tritt hier an die Stelle von Gott, dem man oft auch mit gleichem Anliegen begegnet (Gott als »Notfallklempner«, der alles Verbockte und Schlechte wieder irgendwie in Ordnung bringen soll).
- *Der Kirchen-Jesus:* Jesus spielt nur eine Rolle in der Kirche, bei den Gottesdiensten, bei den Kirchenangestellten, in erster Linie bei den Pastorinnen und Pastoren, also in einer kirchlichen Sonderwelt. Mit dem normalen Leben hat er nichts zu tun. Erst recht kann man das Leben in der heutigen Gesellschaft nicht von ihm her gestalten. Zu dieser Vorstellung passt die Aussage mancher Politiker, dass man mit Jesus und seiner Bergpredigt keine Politik machen kann.
- *Der Kinder-Jesus:* Jesus und die vielen schönen Geschichten über ihn sind nur Sachen für Kinder (und vielleicht noch für alte Leute mit erneut kindlichem Gemüt). Doch im Jugend- und erst recht im

Erwachsenenalter kann man diesen Jesus getrost zurücklassen. Ja, man muss es als Erwachsener sogar, weil er sonst den normalen Alltagsbetrieb stören kann. Die Jugendzeit wird damit zur Zeit, den Kinderglauben an Jesus abzulegen, damit man endlich auch im Bereich der Religion erwachsen wird. Ein Herausfirmen oder Herauskonfirmieren aus der Kirche und einer Beziehung zu Jesus scheint eine notwendige Folge zu sein.

- *Der Krippen-Jesus* (auch Christkindchen genannt): Er taucht nur an wenigen Tagen im Jahr auf, an Weihnachten und bei den Weihnachtsfeiern in den Wochen davor. Außerdem ist er kein erwachsener Mensch, sondern nur ein kleines, zuckersüßes Baby, das eigenartiger Weise von Jahr zu Jahr nicht älter wird. Dieses Jesuskindchen rührt viele Menschen an den Weihnachtstagen; spätestens aber in der Woche danach muss man sich um Karneval kümmern und kann das Jesuskindchen zusammen mit anderen Krippenfiguren und den Lichterketten wieder in den Karton packen – bis zum nächsten Jahr.
- *Der Softie-Jesus:* Er tut keinem weh, verlangt auch nichts. Mit ihm kann man machen, was man will, denn dieser puddingweiche Jesus stellt keine Ansprüche an die eigene Lebensgestaltung. Überhaupt ist dieser Jesus auch vom Typ her weich, ja, trotz Bart sogar etwas feminin. Also ein Typ für irgendwelche Hippies oder die Heilsarmee, aber keineswegs für einen Menschen, der mit beiden Beinen auf dem Boden steht und sich in unserer Zeit behaupten muss.
- *Der Revolutions-Jesus:* Ihn gibt es fast ausschließlich in der Dritten Welt. Dort soll er sogar zum Gewehr greifen, um irgendwelche Reichen zu vertrei-

ben. Na ja, ein bisschen jähzornig war er immer schon, man braucht nur an die Geschichte von den Händlern im Tempel zu denken. Wie dem auch sei, uns hier in Europa betrifft dieser Jesus nicht. Er soll uns nur in Ruhe und unsere Geschäfte machen lassen.

- *Der Superstar-Jesus:* Er ist der Größte, ganz cool, und was er alles gemacht hat! Kein Wunder hat er ausgelassen, Kranke, Hungernde, Blinde, Aussätzige, selbst Tote hatten was von ihm. Nur schade, dass er am Ende die Sache mit dem Kreuz nicht in den Griff gekriegt hat, da hätte er doch auch noch ein Wunder tun, sich selbst befreien und die Römer aus Jerusalem vertreiben können. Was hätte das für einen Eindruck gemacht!

Solche und ähnliche Vorstellungen gibt es in Hülle und Fülle. Oft bestimmen sie ernsthaft den Glauben und das Leben von Menschen. Bei vielen dieser Wege klingt ein Jesusbild mit, das nicht weh tut, das keine Ansprüche stellt, von dem aus man sein eigenes Leben nicht verändern muss. Ein solcherweise verstandener Jesus ist untauglich für unser heutiges Leben, unbrauchbar in unserer Gesellschaft und ohne Relevanz für Menschen heute.

Wer sich diese und andere Vorstellungen – in dieser Überspitzung – bewusst macht, wird schnell die Unterschiede erkennen zu dem, was in der Erinnerung und dem Bekenntnis der Christen von Jesus ausgesagt wird. Solche Vorstellungen sind Irrwege, die von einem angemessenen und auch uns heute hilfreichen Verständnis von Jesus nur ablenken. Was aber sind neue und sowohl unserer Zeit wie auch der christlichen Botschaft verantwortete Wege, Jesus zu verstehen?

Jesus beschäftigt keineswegs nur die Christen. Auch Menschen mit anderer Religion als die christliche und mit anderen Weltauffassungen werden durch Jesus und sein Leben beeindruckt. Allerdings setzen sie gemäß ihrer Einbindung in eine bestimmte Kultur, Religion und Gesellschaft besondere Akzente, wenn sie Aussagen über Jesus machen. Hier können nur einige Beispiele für ein »von außen« kommendes Jesusbild vorgestellt werden – als Ergänzung, vielleicht auch als Korrektur unserer »innerchristlichen« Jesusbilder.

In erster Linie ist dabei auf die beiden großen, ebenfalls im Vorderen Orient beheimateten Weltreligionen zu sehen, auf Judentum und Islam. Während die drei Religionen Judentum, Christentum und Islam sich aus ihrer geschichtlichen Abhängigkeit heraus im Gottesbild nicht wesentlich unterscheiden, wird zu Jesus kontrovers Stellung genommen. Für Juden wie für Muslime ist Jesus nicht als Sohn Gottes oder gar als Gott vorstellbar. Das Bekenntnis, dass Jesus mit Gott wesenseins ist, verletzt nach der Sicht von Judentum und Islam das Bekenntnis zum alleinigen Gott. Wenn zum Beispiel in der monophysitischen äthiopischen Kirche Christus ausschließlich als Gott und zusammen mit dem Geist und Gott Vater als drei völlig identische Gestalten in der Kirchenkunst abgebildet wird (und solche Abbildungen hat der sehr frühe Islam als *die* Gottesvorstellung der Christen gekannt), dann wird sogar der Vorwurf der Muslime nachvollziehbar, Christen beten drei Götter an.

Doch es geht bei der Stellung dieser beiden großen Weltreligionen nicht allein um eine Ablehnung des göttlichen Anspruches Jesu und seiner Verehrung durch Christen als Heiland und Sohn Gottes. In beiden Religionen wird ebenso versucht, zu einer differenzierten Beurteilung Jesu zu kommen.

Das *Judentum* gelangt inzwischen zu einer Neubewertung Jesu in folgender Weise: Jesus wird nicht länger vorab als Gründer der christlichen Religion verstanden, sondern in sein Volk und damit auch in die jüdische Religion »heimgeholt«. Martin Buber, der große Religionsphilosoph, schrieb bereits 1950: »Jesus habe ich von Jugend auf als meinen großen Bruder empfunden ... Gewisser als je ist es mir, dass ihm ein großer Platz in der Glaubensgeschichte Israels zukommt und dass dieser Platz durch keine der üblichen Kategorien umschrieben werden kann.« Auch Schalom Ben-Chorin schreibt in seinem Buch *Bruder Jesus*: »Jesus ist für mich der ewige Bruder, nicht nur der Menschenbruder, sondern mein jüdischer Bruder.« Jesus ist für diese und andere bedeutende Juden nicht allein ein exemplarischer Mensch, sondern ein eschatologischer Prophet, eine prophetische Messiasgestalt, ein Typos für den leidenden Gerechten (und damit für die Juden in ihrer Leidensgeschichte) – und vor allem ein Mitjude.

Im *Islam* wird Jesus (Isa) als Prophet bezeichnet. Im Koran, der heiligen Schrift der Muslime, wird Jesus als Diener Gottes, als Gottesknecht, als Gottgesandter und Prophet bezeichnet. Er ist zugleich ein wahrer Muslim (= einer, der sich ganz Gott hingibt). Negativ wird ausgesagt, dass Jesus nicht als Wort Gottes bezeichnet werden kann. Er ist nicht Gottessohn und auch nicht der Welterlöser. Die Trinität wird als Dreigottglaube radikal abgelehnt. Unklar ist, wie eine Stelle im Koran ausgelegt werden soll, die die Kreuzigung Jesu bestreitet. Für Muslime ist Jesus einer der großen Propheten, der letzte in einer langen

Reihe, die dem endgültigen Propheten Mohammed (dem »Siegel der Propheten«) vorausgeht.

Im *Hinduismus* hat im letzten Jahrhundert eine Entwicklung des Jesusbildes stattgefunden, die sich dann umgekehrt auf die Theologie der indischen Christen ausgewirkt hat. Christus ist in neuerer Sicht nicht alleine dem Christentum zugehörig, sondern der ganzen Menschheit. Er kann, und zwar weniger als historischer Jesus, sondern als geglaubter Christus, dazu beitragen, dass Menschen zur Wahrheit des Lebens finden. Seine Göttlichkeit ist wichtiger als seine Menschlichkeit, denn er kann als einer der Mittler verstanden werden, die Göttliches und Menschliches, Himmel und Erde miteinander verbinden. Von seiner Ethik her ist Jesus einer der großen Menschheitslehrer; Mahatma Gandhi schreibt: »Jesus nimmt in meinem Herzen den Platz eines großen Menschheitslehrers ein, die mein Leben beträchtlich beeinflusst haben. Ich sage den Hindus, dass ihr Leben unvollkommen sein wird, wenn sie nicht auch ehrfürchtig das Leben Jesu studieren.« Jesus kann aber für Hindus mehr als nur ein Führer zur Wahrheit und zum Glück sein. Er kann auch nach dem Avatara-Modell als Herabkunft oder Inkarnation Gottes verstanden werden: In ihm wendet sich Gott den Menschen zu, er ist eine Manifestation des Göttlichen unter uns. Allerdings – anders als in christlichen Vorstellungen – ist Jesus nur eine von vielen Menschwerdungen Gottes.

Im *Buddhismus* wird selten zu Jesus Stellung genommen. Er kann in einigen Bereichen des Mahayana-Buddhismus als Bodhisattva, als eine dem Menschen zugewandte Retter- und Erlösergestalt, verstanden werden, deren es viele gibt. Ansonsten wird Jesus als große religiöse Persönlichkeit gesehen.

Jesus beeindruckt Menschen unterschiedlichster Weltanschauung. Auch *Denker*, die nach eigenen Aussagen eher am Rand christlichen Glaubens stehen oder der Kirche und dem Christentum ablehnend begegnen, können dennoch von der Gestalt Jesu fasziniert sein und sie als Identifikationsfigur verstehen. Für den Philosophen Karl Jaspers etwa ist Jesus einer »der maßgebenden Menschen«, der in einer Reihe mit Sokrates, Buddha und Konfuzius genannt werden muss. Die Bedeutung Jesu liegt darin, dass »uns geboten ist die Orientierung an Jesus, um zu der uns möglichen Wahrhaftigkeit zu kommen«. Der marxistische Denker Ernst Bloch versteht Jesus als den, der die Entfremdung des Menschen dadurch aufgehoben hat, dass er Gott Mensch werden ließ. So wird eine »Utopie des Menschenmöglichen« sichtbar. Jesus übersteigt in seiner Lebensweise das, was sich Menschen bisher zugetraut haben und auch das, was sie mit Gott verbunden haben: »Jesus wird eine Liebe Gottes, wie sie noch in keinem Gott gedacht war.«

> Jesus ist
> das Antlitz Gottes
> zum Menschen hin
> und das Antlitz
> des Menschen
> zu Gott hin.
>
> *Henri Le Saux*

Für einige andere atheistische oder marxistische Denker ist das humane Anliegen Jesu von unbedingter Bedeutung. Es geht ihnen (etwa dem Tschechen Machovec mit *Jesus für Atheisten*) um die Sache Jesu, seine Hinwendung zu Armen und Bedrückten und seine befreiende Botschaft bzw. sein befreiendes Handeln. Eine verfasste Religion wie auch das Christentum ist nicht wünschenswert, wohl aber ein Erinnern an »die Sache Jesu«. Denn: »Ich würde den Untergang der Religion als solcher nicht bedauern. Aber falls ich in einer Welt leben sollte, die die ›Sache Jesu‹ absolut vergessen könnte, dann möchte ich gar nicht mehr leben.«

Eine solche Einstellung ist inzwischen bei vielen Menschen unserer Zeit verbreitet, pauschal gesagt: Kirche Nein, aber Jesus in irgendeiner Weise Ja. Was solche großen Denker trotz ihrer Distanz zur Kirche an Jesus beeindruckend fanden, verbleibt auch vielen Kirchenfernen zumindest als eine Ahnung: Mit diesem Jesus ist etwas Besonderes, seine »Sache« hat eine Bedeutung auch für Menschen heute.

Dazu passt, dass die Gestalt Jesu von Nazaret auf viele der großen *Schriftsteller* des 20. Jahrhunderts eine außerordentliche Faszination ausübte. Viele versuchten sich an einem Jesusroman oder ließen die Gestalt Jesu offen oder verschlüsselt in ihren Werken auftreten. Mit großer Freiheit gingen die Autorinnen und Autoren dabei mit den Ergebnissen der Bibelwissenschaft um, meist verbanden sie ihre eigene Auffassung von Humanität und Religion mit der Zeichnung ihrer Jesusgestalt.

So entstanden unterschiedliche, aber in jeder Weise beeindruckende Werke wie Norman Mailer, *Das Jesus-Evangelium*, Nikos Kazantzakis, *Die letzte Versuchung*, José Saramago, *Das Evangelium nach Jesus Christus* und viele andere. Andere Autoren lassen die Gestalt Jesu in Beziehung zu anderen Großen der Weltreligionen auftreten. Bestes Beispiel ist an dieser Stelle wohl das Werk des ägyptischen (muslimischen) Autors Nagib Machfus, *Die Kinder unseres Viertels*. Andere spiegeln Jesus in Gestalten des Neuen Testaments, so etwa Friedrich Dürrenmatt in *Pilatus*. Unter den Autoren, die sich in ihrem Werk mit der Gestalt Jesu auseinandersetzen, finden sich Meister der Kurzgeschichte (etwa Wolfgang Borchert oder Heinrich Böll) ebenso wie Lyriker (etwa Marie Luise Kaschnitz, Hilde Domin oder Paul Celan). Menschen aus unterschiedlichen Kulturen finden in ihrem Interesse an Jesus zusammen, Ernest Hemingway ebenso wie Boris Pasternak, Anatole France ebenso wie Max Frisch, Tschingis Aitmatow ebenso wie Ignazio Silone. Wer diese Fülle von Bezügen moderner Literatur zu Jesus wahrnimmt, kann mit Oscar Wilde zum Schluss kommen: »Christi Platz ist (heute) bei den Dichtern.«

Gleiches gilt – wenn auch in geringerem Maß – von der *bildenden Kunst* des 20. Jahrhunderts. Allerdings sieht die bildende Kunst, geprägt von ihrer Sensibilität für die Ereignisse der jeweiligen Zeit, Jesus vor allem unter dem Blickwinkel des Kreuzes: Das Leiden Jesu wird mit dem Leiden von Menschen unserer Zeit verbunden und so die Frage nach dem Sinn menschlichen Lebens und Sterbens und nach möglichen Hoffnungen der Menschen eingebracht. Ein gutes Beispiel ist etwa das im Jahr 1900 gemalte Bild *Golgota* des Norwegers Edvard Munch. In neuerer Zeit sind Werke von Joseph Beuys, Arnulf Rainer, A. R. Penck und vielen anderen zu nennen, die das Symbol des Kreuzes aufgreifen und damit das Stichwort Leid, angestoßen durch die Gestalt Jesu.

Aber es gibt auch andere Werke, die weitere Facetten des Lebens Jesu ins Spiel bringen. Emil Nolde etwa versucht, mit verschiedenen Werken in seinen kräftigen Farben und markanten Formen etwas Geistiges und Innerliches in der Gestalt Jesu aufscheinen zu lassen (vgl. die Bilder zu Weihnachten oder Abendmahl). Alexej Jawlensky vertieft in seinen *Gesichtern* diese Innerlichkeit noch bis hin ins Mystische: »Die Kunst ist Sehnsucht zu Gott.«

Andere wiederum nutzen die Gestalt Jesu zu einem Protest gegen aktuelle Leid- und Kriegserfahrungen, Max Beckmann etwa mit seinem Bild *Kreuzabnahme*, Otto Dix ebenso wie George Grosz: Der gewaltlose und ohnmächtige Christus steht gegen die anonym erscheinende Macht des Bösen. Ein so dargestellter Christus wird zum Protest gegen die politische Realität der Zeit, zugleich aber auch zu einer Form der Suche nach wahrer Humanität. Für den oft umstrittenen Künstler Alfred Hrdlicka ist Christus ein Hoffnungsträger, weil er eine Perspektive aufzeigt, wie der Mensch sein Leiden überwinden kann. Der Gekreuzigte erscheint trotz oder gerade wegen seines Leidens als unbesiegbar. Das gibt Hoffnung auch für Menschen heute, etwa für die Opfer von Gewaltherrschaft (etwa sein Bild *Plötzenseer Totentanz*).

Philosophen, Dichter und Künstler gehen auf je eigene Weise auch in unserer Zeit mit Jesus um. Was aber ist mit neueren theologischen Ansätzen, Jesus und Menschen unserer Zeit in Verbindung zu bringen. Erstaunlich ist, dass es einen ganzen Fächer sehr unterschiedlicher Ansätze gibt, »das Wort Jesus neu zu buchstabieren« und für Menschen unserer Zeit relevant werden zu lassen. Dabei unterscheiden sich europäische, mehr theologisch spekulative Ansätze (eher universitäre, wissenschaftliche Bemühungen) meist von außereuropäischen, mehr praktischen und auf den jeweiligen Ort ausgerichtete, pastorale Strömungen (etwa Befreiungstheologie in Lateinamerika und Asien, indische Theologie).

Ein inzwischen fast vergessener, aber durchaus bedeutsamer Ansatz ist der von Teilhard de Chardin, eines Theologen und Naturwissenschaftlers, der ausgehend von der Evolutionslehre eine »kosmologische Christologie« formt: Christus ist nicht nur Beweger aller Evolution, sondern gibt in sich auch das Ziel vor – vollendete Humanität. Christus ist Alpha und Omega, Anfang und Zielpunkt. Hier werden Erinnerungen wach an den biblischen Deutungsversuch vom kommenden Menschensohn – nur jetzt verbunden mit dem Weg moderner Naturwissenschaft.

In einem vergleichbaren Ansatz kommt Wolfhart Pannenberg zu einer »universalgeschichtlichen Christologie«. In der Auferweckung Jesu wird der letzte Sinn aller Menschheitsgeschichte nicht nur aufgezeigt, sondern bereits »vorwegereignet«. Menschheitsgeschichte zielt auf die vollendete Gemeinschaft mit Gott, deren Modell die Auferweckung Jesu ist. Jürgen Moltmann nimmt einen ähnlichen Ansatzpunkt beim Kreuz Jesu. Angesichts des Leids und der Ungerechtigkeit in der Welt verbürgt das Kreuz Gottes Mitleiden und seine Solidarität mit den Menschen. Dies aber gibt die Kraft, sich gegen die vielen Kreuze und das Leid in unserer Welt zu engagieren.

> Ich halte Jesus von Nazaret für den glücklichsten Menschen, der je gelebt hat. Jesus erscheint in der Schilderung der Evangelien als ein Mensch, der seine Umgebung mit Glück ansteckte, der seine Kraft weitergab, der verschenkte, was er hatte.
>
> *Dorothee Sölle*

Andere theologische Autoren, wie Karl Barth, Hans Urs von Balthasar, aber auch Walter Kasper, gehen von einer »trinitarischen Christologie« aus: Sie versuchen, Gottes Selbstoffenbarung in Jesus näher zu deuten als eine Beziehung der Liebe, die sich innergöttlich ereignet, aber den Menschen mit einschließt. Solche Entwürfe haben den Nachteil, dass sie sehr spekulativ und meist nur Fachtheologen zugänglich sind.

Anders dagegen etwa die Ansätze der zuerst in Lateinamerika, dann auch in Asien erarbeiteten Befreiungstheologie, etwa bei Leonardo Boff, *Jesus Christus, der Befreier*: »Es geht mir darum zu zeigen, dass die Befreiung im Mittelpunkt der Botschaft und des Handelns Jesu steht.« Jesus hat eine persönliche Option für die Armen getroffen und damit auch eine Vorgabe für das Handeln der Christen in seiner Nachfolge gemacht. Christen müssen »sich für die Befreiung der Unterdrückten einsetzen, weil sie in Jesus Christus den Sohn Gottes anbeten, der sich unser Elend zu eigen gemacht und mit den Unterdrückten identifiziert hat. Ein lebendiger Glaube an Jesus Christus setzt das Engagement für die geschichtliche Befreiung der Unterdrückten voraus.« Was in Lateinamerika Auswirkungen bis in die konkrete Praxis vieler christlicher Gemeinden hatte, wurde bald auch in Asien (etwa in Sri Lanka durch Alois Pieris, aber auch in Indien [Dalit-Theologie], in Korea [Minjung-Theologie], auf den Philippinen ...) übernommen und den jeweiligen kulturellen Gegebenheiten angepasst. Der asiatische Christus ist in solchen Versuchen immer ein Christus der Armen, in dem der Befreier-Gott (Stichwort Exodus aus der Unterdrückung) sichtbar wird.

Einen ganz anderen Ansatz haben indische Theologen, die die Gestalt Jesu mit hinduistischen Traditionen in eine Beziehung stellen. Hierbei geht es um den mehr mystisch-spirituellen Weg, durch eine innere Einheit mit Christus auch zu einer inneren Einheit mit Gott selbst zu kommen. Dabei wird nicht allein auf die biblischen Texte (besonders das Johannesevangelium) zurückgegriffen, sondern auch auf

Texte hinduistischer Tradition (etwa Upanishaden). Es geht um Inkulturation, um die Verwurzelung der Gestalt Jesu Christi in den Kontext indischer Denkweise und Religiosität.

In vergleichbarer Weise, nur in völlig anderem Kontext versuchen dies auch Theologen in anderen Ländern. Auf den Philippinen etwa wird der heilende Christus in eine Verbindung mit den Heilern im Volk gebracht. Im Pazifik ist Christus der Initiator, der Anführer eines neuen Glaubens, der Anstifter zu einem neuen Aufbruch in eine neue Welt. In Afrika untersuchen Christen die traditionellen Titel und Namen ihrer Kultur daraufhin, ob sie sich für eine Deutung Jesu eignen. Besonders der Komplex des Begriffes »Leben« wird dabei in einen Zusammenhang mit Jesus gestellt: Er, der Häuptling, der Ahne und Älteste, der Meister der Initiation, der Heiler, ist derjenige, der Leben in Fülle schenkt. Afrikanern geht es weniger um theologische Spekulationen über das Wesen Jesu, sondern in sehr praktischer Weise darum, wie das Leben der Menschen seine Fülle in Jesus finden kann. Und dies geschieht durchaus auf biblischem Boden: »Ich bin gekommen, damit sie das Leben haben und es in Fülle haben« (Johannes 10,10).

Weg und Ziel: Jesus für uns

Eine Fülle von Aussagen zu Jesus aus unterschiedlichen Perspektiven sind in diesem Buch zusammengetragen. Aus den Erfahrungen der Jünger und der ersten christlichen Gemeinden hat sich ein großer »Korb« mit Deutungen und Bedeutungen Jesu gefüllt: biblische Namen und Titel, Klärungen aus der Geschichte der Theologie heraus, neue Ansätze in Philosophie, Dichtung, Kunst und auch Theologie in unserer Zeit ... Bei all dem aber ging und geht es letztlich immer um die eine, die wesentliche Frage: *Wer ist dieser Jesus für uns Menschen heute?*

Als eine Art Zusammenfassung und zugleich als ein Ausblick dieses Buches soll nun in einem Dreischritt versucht werden, eine Deutung Jesu vorzunehmen, die viel vom Gesagten zusammenfasst, Sie zugleich aber anregen soll, eine eigene Stellung und Beziehung zu Jesus aufzubauen. Dabei gehen wir von »alten« und neuen Titeln Jesu aus, die uns bei unserer suchenden Christologie helfen:

- Jesus ist *Freund, Bruder und Lehrer.*
- Jesus ist *Licht, Wasser und Brot.*
- Jesus ist *Tür, Brücke und Regenbogen.*

Jesus ist Freund, Bruder und Lehrer. In unserer Zeit wird Jesus deutlicher als in früheren Zeiten wieder als Mensch wahrgenommen, der unser Leben in allem geteilt hat – bis hin zum Leiden und zum Tod. Jesus ist bei allem, was Menschsein ausmacht, unser Bruder, unser Lebens- und Leidensgenosse, unser Freund und Wegbegleiter. Es geht nicht um einen abgehobenen, über den Wolken schwebenden, jenseitigen Jesus, sondern um einen Jesus mitten im Dreck unserer Welt, mitten in unseren Verhältnissen, mitten in unserem Leben mit all seinen Chancen und Bedrängnissen, mit seinen Ängsten und Hoffnungen, mit seiner Lebenskraft und seiner Ohnmacht. Es geht um einen Jesus, der wie wir ist.

Und zugleich ahnen wir, dass dieser Jesus sein Menschsein in tieferer Weise gelebt hat, als wir es vermögen. Wir ahnen einen Jesus, der bis in die letzte Konsequenz, bis in sein Sterben für die Menschen, auslebte, was Menschen möglich ist – ein Leben für die anderen, ein Leben, das Befreiung, Heil und umfassenden Frieden möglich macht, ein Leben, in dem der Not und dem Leid, der Krankheit und der Behinderung Grenzen gesetzt werden, selbst der Tod erscheint bei ihm nicht länger als ausweglose Grenze. Dieser Jesus als unser Freund und Bruder ist zugleich gelebte Hoffnung und Kraftquelle für uns.

Zum anderen aber ist er aus dieser Sicht auch der Lehrer, der aufzeigt, was uns Menschen möglich ist, wie wir unser Leben in sinnvoller und verantwortlicher Weise gestalten können. Er ist der Lehrer eines gelingenden Lebens. Er zeigt in Wort und Tat eine Lebensweise auf, durch die nicht nur das eigene Leben Sinn erhält und eine gute Orientierung findet, sondern auch das Leben anderer Menschen in unserem Umfeld und innerhalb unserer Verantwortung.

Die große Bergpredigt (Matthäus 5-7, vgl. auch die Feldpredigt in Lukas 6) stellt nichts anderes als den gelungenen Versuch des Evangelisten dar, die befreiende, sinnstiftende und frohmachende Botschaft Jesu mit der konkreten Lebensweise von Menschen zu verbinden – auch von Menschen anderer Zeiten. Da geht es um Gewaltlosigkeit, um ein Durchbrechen der Spirale von Hass und Gewalt, um eine umfassende Liebe zu allen, selbst den Feinden, um Versöhnung ohne Grenzen, kurzum um eine menschliche Gemeinschaft, die alle Grenzen sprengt und alle ohne Ausgrenzung integriert.

Dies war auch genau die Lebenspraxis Jesu, die in seiner Tischgemeinschaft Menschen ohne Unterschied umfasste, Vorurteile und Urteile als unwesentlich ansah und somit neue, befreiende und integrierende Lebenschancen besonders denen zusprach, die aus eigener Kraft keine Wende ihrer bedrückenden

Situation schaffen konnten. Die integrierende Praxis Jesu wird somit zum Modell christlicher Praxis auch heute in unserer Zeit. Sein befreiendes und heilendes Handeln ist das Modell christlicher Lebensweise auch heute in unserer Gesellschaft.

Wo dies in der Nachfolge des lehrenden und heilenden Jesus von Menschen heute gelebt wird, da erhalten die Seligpreisungen der Bergpredigt neue Aktualität: »Selig die Armen, die Trauernden, die Hungernden, denn ihnen gehört das Himmelreich Gottes.« Selig alle die, die sich vertrauensvoll dem Wirken Gottes in unserer Welt überlassen, denn sie finden das Ziel und das Heil ihres Lebens.

Jesus als Freund, Bruder und Lehrer – das ist ein Jesus zum Anpacken, ein Jesus, der zu uns gehört und der uns nicht fremd ist, ein Jesus mitten in unserem Leben.

Jesus ist Licht, Wasser und Brot. Wer also wissen will, was der Mensch ist, welche Möglichkeiten im Menschen stecken, was wahre Humanität ist, der kann und soll auf Jesus schauen – das haben Denker aus unterschiedlichen Kulturen schon immer so empfunden. Dennoch ist Jesus nicht allein eine bedeutende geschichtliche Person, nicht nur eine faszinierende Persönlichkeit, nicht allein das »Modell eines Menschen«, nicht allein der Maßgebende und der Maßstab für gelingendes Leben. Das allein wäre schon viel für einen Menschen, der ja in eine völlig andere Zeit und Kultur eingebunden war als die unsere und dennoch für uns heute wichtig, ja, lebenswichtig bleibt.

Doch Jesus hat für unzählige Menschen in der Geschichte der Christenheit viel mehr bedeutet als einen maßgebenden Menschen und bedeutet es auch für viele heute in fast allen Ländern der Erde. Deshalb nämlich, weil Menschen in Jesus einen Zugang zum unbegreiflichen und unfassbaren Gott erkennen, weil sie in ihm Gott selber am Werk sehen, weil nach ihrer festen Überzeugung Gott in Jesus auf die Menschen zukommt. Auch wer also mehr über Gott wissen will, muss auf diesen Jesus schauen. In ihm leuchtet in unüberbietbarer Weise auf, wer Gott für die Menschen ist. Im barmherzigen Umgang Jesu mit Menschen ereignet sich die Barmherzigkeit Gottes. In der alle einschließenden Zuwendung Jesu zu Frauen und Männern, Kindern und Kranken, Ausgestoßenen und Deklassierten ereignet sich die Zuwendung Gottes zum Menschen. In der grenzenlosen Hingabe Jesu für die Menschen, die am Kreuz ihren Tief- und zugleich Höhepunkt findet, ereignet sich die Hingabe Gottes – ein Gott, der mitleidet, sich solidarisch zeigt und zugleich einen Weg über Leid und Tod hinaus öffnet.

Dass Menschen aus solchen Erfahrungen heraus in Jesus Gott selbst zu sehen begannen, kann ebensowenig verwundern wie ihre Suche nach einer angemessenen Begrifflichkeit, diese Verbindung von Jesus und Gott auszusprechen und weiterzusagen. Was neutestamentlich bereits mit vielen unterschiedlichen Titeln begonnen wurde und dann in der theologischen und liturgischen Geschichte der Christen weiterführende Präzisierungen hervorgebracht hat, ergibt ein Mosaikbild von Deutungen und Umschreibungen Jesu, die ihn letztlich in eine solche innere Einheit mit Gott setzen, dass nicht nur gesagt wird, Jesus ist ganz und in Fülle Mensch, sondern ebenso gesagt werden muss, Jesus ist ganz und in Fülle Gott.

Nur das hat bewirken können, dass Menschen die lebenswichtige Bedeutung Jesu in Sprachbildern ausdrückten wie: Jesus ist Licht der Welt. Jesus ist lebendiges Wasser. Jesus ist Brot für alle. Solche und viele andere Bildworte machen deutlich, dass uns im Bruder und Freund Jesus zugleich jemand gegenübersteht, der mehr ist als wir selber – der Immanuel, der Gott-mit-uns.

Am deutlichsten wird diese Erhöhung Jesu über uns Menschen in der Erfahrung des Lebenden und zu Gottes Herrlichkeit Emporgehobenen nach der Auferweckung. Nicht allein Gott handelt an seinem Christus, sondern dieses Handeln geschieht zu unserem Heil, eröffnet auch uns einen Weg über den in den Tod mündenden menschlichen Weg hinaus. Deshalb kann Jesus als der bekannt und gefeiert werden, der als der Lebende Allherrscher, Weltenrichter und ewiger Herr ist. Er ist der Erlöser, der Leben schenkt. Ihn brauchen wir wie Licht, Wasser oder Brot.

> Für den Christen gibt es keinen Stolz, weil er einen Herrn hat. Für den Christen gibt es keine Verzweiflung, weil er diesen Herrn hat.

Jesus ist Tür, Brücke und Regenbogen. Menschheit und Gottheit Jesu werden von Glaubenden bekannt und gefeiert, weil beides Hoffnung und Zuversicht auch für den eigenen Weg gibt. Dies führt zu einem weiteren Punkt. Jesus ist ganz Mensch, ist ganz Gott nicht unverbunden nebeneinander, sondern untrennbar miteinander verbunden. Die alten, auf griechischer Terminologie beruhenden Aussagen der großen Konzilien haben dies in einer Sprache zu verdeutlichen versucht, die uns heute fremd ist. Angemessener ist unserer heutigen Sprechweise vielleicht ein Reden in Bildworten und Metaphern. Dabei können wir an die Sprachweise des Neuen Testaments anschließen, zugleich aber Schritte darüber hinaus wagen.

Eines der biblischen Bilder, die in diesen Zusammenhang passen, ist das von der *Tür*: »Ich bin die Tür; wer durch mich hineingeht, wird gerettet werden« (Johannes 10,7). Jesus als Tür, das bedeutet, er öffnet einen neuen Raum, eine neue Lebensperspektive. Jesus als Tür ist ein Weg in eine gelingende Zukunft, ist die Aussicht auf das Ziel und die Vollendung des Menschen bei Gott.

Was in diesem und anderen Bildern (etwa Jesus als Weg) anklingt, kann in einigen nichtbiblischen Bildern weiter präzisiert werden. Jesus ist für den Christen die *Brücke*, die in ein neues Land hineinführt, die Erde und Himmel, Menschliches und Göttliches verbindet. Der Abgrund des Todes und die Schluchten von Leid und Not werden durch diese Brücke überwunden. Wiederum gilt: Das Vertrauen zu Jesus eröffnet neue Möglichkeiten, gibt dem Leben eine über sich selbst hinausweisende Perspektive. Jesus als Brücke zwischen Gott und Mensch – das ist ein eindeutiges und klares Bild, das eine Fülle von theologischen Spekulationen erübrigt. Jesus gehört ganz zu uns, und er gehört ganz zu Gott. Er ist Mensch und Bruder, und er ist Christus und Gottes Sohn.

> Jesus baut Brücken
> zum lebendigen Gott.
> Wo Menschen Jesus
> begegnen, atmen sie auf
> und sehen vor sich ein Ziel.
>
> *Gerhard Eberts*

Das Bild der Brücke kann durch das Bildwort vom *Regenbogen* erweitert werden. Der Regenbogen ist auch eine Brücke, die Himmel und Erde aneinander bindet und als verbindendes Bundeszeichen von Gott und Mensch bereits in der alttestamentlichen Tradition (1. Mose 9) gedeutet wurde. Doch deuten die vielen Farben des Regenbogens, die das ganze Farbspektrum umfassen, noch auf einen anderen Aspekt hin:

Diese Farben sind ein Zeichen der Fülle, des Allumfassenden, der Harmonie zwischen den vielen Möglichkeiten – ein Hinweis wiederum auf Gemeinschaft von Unterschiedlichem, das nicht seine Individualität verliert, sondern sich gegenseitig ergänzt und bereichert.

Ebenso kann Jesus gedeutet werden als Regenbogen, der eine Beziehung zwischen Gott und den Menschen schafft, dabei aber die Fülle der menschlichen Möglichkeiten und unterschiedlichen Lebensweisen nicht einebnet, sondern zu einem Spektrum zusammenfügt. Das, was in der Tischgemeinschaft Jesu ausgedrückt wurde und was Christen in ihre Mahlgemeinschaft in seiner Nachfolge versuchen, wird in diesem Bild sichtbar: Jesus schafft eine Gemeinschaft von Menschen, die miteinander an Gott angebunden, auf Gott ausgerichtet sind.

Dies ist der Grund, warum Christen Jesus als Heil von Gott her bekennen. Dies ist der Grund, warum Christen diesen Jesus als den Immanuel, als den »Gott-mit-uns« feiern.

Er war da

Im vergangenen Jahr, an einem Montagmorgen, tauchte Jesus plötzlich in Frankfurt auf.
Er trug einer alten Frau die schwere Einkaufstasche heim. Er half einer Türkin, die nicht Deutsch konnte, am Postschalter. Er schob einen querschnittsgelähmten Mann zwei Stunden lang durch den Palmengarten. Dessen Frau hatte weder Zeit noch Lust gehabt, ihm diesen Wunsch zu erfüllen, obwohl er sich das schon seit Jahren gewünscht hatte. Er spielte mit einem kleinen Mädchen Ball, das geistig behindert war. Es konnte noch nicht einmal den Ball auffangen. Er besuchte eine krebskranke Frau im Krankenhaus. Dort lag sie schon ein halbes Jahr, und noch nie hatte sie Besuch bekommen. Er nahm im Hallenschwimmbad einen ängstlichen Jungen, den die anderen auslachten, an der Hand und sprang mit ihm vom Drei-Meter-Brett. Die ganze Nacht schlief er neben einem besoffenen Landstreicher auf einer Parkbank. Er kuschelte sich eng an ihn, damit der Alte nicht fror.
Am nächsten Morgen war Jesus wieder verschwunden. Nicht einmal die Reporter der Bildzeitung hatten gemerkt, dass er dagewesen war. Aber die alte Frau, die Türkin, der Querschnittsgelähmte, der Junge, die Kranke und der Landstreicher erzählten allen, denen sie begegneten: »Gestern war ein schöner Tag, ich bin einem so guten Menschen begegnet.« Nur das geistig behinderte Mädchen sagte nichts. Es konnte ja nicht sprechen. Aber es lachte, warf den Ball in die Höhe und fing ihn wieder auf.

Gudrun Pausewang

Jesus – ein Bekenntnis

Jesus –
des Zimmermanns Sohn
geboren aus Maria
aufgewachsen in Nazaret
Jude unter Juden
Mensch unter Menschen.

Jesus –
unser Bruder
unser Freund
unser Weggefährte
unser Lehrer
unser Meister.

Jesus –
Lamm Gottes
Strahl des ewigen Lichtes
Menschensohn
Messias
Knecht Gottes.

Jesus –
Gott rettet
lebendiges Wort
Bild des Vaters
Gott mit uns
Gesalbter und Gesandter Gottes.

Jesus –
Friedensfürst
Licht der Welt
Brot des Lebens
lebendiges Wasser
guter Hirte.

Jesus –
unser Herr
unser König
Weltenherrscher
Richter
unsere Zukunft.

Jesus –
Auferstehung und Leben
Wahrheit und Weisheit Gottes
Weg zum Vater
Tür zum Reich Gottes
Heiland und Erlöser.

Jesus –
Eckstein, auf den wir bauen
Haupt der Kirche
Mitte unserer Gemeinschaft
Bote Gottes
Priester in Ewigkeit.

Jesus –
Mittler eines neuen Bundes
Abglanz der Herrlichkeit Gottes
Modell des Menschen
Maßgebender
Maßstab gelingenden Lebens.

Jesus –
Alpha und Omega
Ursprung und Vollendung
Brücke, die verbindet
Regenbogen des Bundes
Mensch und Gott zugleich.

Quellenverzeichnis

Alois Albrecht, Eines Tages kam einer. Aus: Auf Messers Schneide, 1992, alle Rechte im Peter Janssens Musik Verlag, 48291 Telgte

Alois Albrecht, Er lebt. Rechte beim Autor

Gudrun Pausewang, Er war da. Aus: Von Jesus will ich Euch erzählen. Lahn-Verlag Limburg 1983. Rechte bei der Autorin

Wilhelm Willms, gott seitdem jesus. Aus: ders., roter faden glück, 9.16, © Verlag Butzon & Bercker, Kevelaer 1974

Lothar Zenetti, Die entscheidende Frage. Aus: ders., Die wunderbare Zeitvermehrung. © Wewel Verlag 5. Auflage Donauwörth 2002

Alle Texte ohne einen Verfassernamen oder Herkunftsnachweis stammen vom Autor.

Bei Schrifttexten wurde die Einheitsübersetzung gewählt.